Veronika Ederer
Corina Gloor

An fernen Feuern

Rezepte und mehr der nordamerikanischen Indianer und Inuit

Unter Mitarbeit von Natalia Eschmann,
Peter Kuhn, Stefan Liedtke und
Markus Bühler

lincom

LINCOM GmbH 2020

LINCOM GmbH
Hansjakobstr.127a
D-81825 Muenchen

contact@lincom.eu
www.lincom.eu

webshop: www.lincom-shop.eu

Erstveröffentlichung 2020

Bibliografische Information der Deutschen Nationalbibliothek

Die Deutsche Nationalbibliothek verzeichnet diese Publikation in der Deutschen Nationalbibliografie; detaillierte bibliografische Daten sind im Internet über http://dnb.dnb.de abrufbar.

ISBN 978-3-96206-044-2

FSC www.fsc.org MIX Papier aus verantwortungsvollen Quellen FSC® C014889

Gesetzt aus der Tahoma und Tempus Sans ITC
Gedruckt in der E.U.

Idee & Konzept: Veronika Ederer
Küche: Veronika Ederer & Corina Gloor
Dekoration: Corina Gloor
Fotographie: Veronika Ederer, Corina Gloor,
Natalia Eschmann, Peter Kuhn

Ein Kochbuch mit indianischen Rezepten Nordamerikas? Ohne uns dessen bewusst zu sein ernähren wir uns tagtäglich von einer Vielzahl indianischer Pflanzen: Mais, Bohnen, Kürbis, Wildreis, Ahornsirup, Kakao, Tomaten, Paprika, Kartoffeln und viele mehr. Der Austausch von neuartigen landwirtschaftlichen Waren und Produkten bekannt unter dem Begriff „Kolumbus-Effekt" wandelte ab 1492 die europäischen, amerikanischen, afrikanischen und asiatischen Lebensarten komplett um. Nahrungsmittel, die einige Völker nie zuvor gesehen hatten, wurden unverzichtbar. Praktisch keine Gesellschaft auf der Erde konnte sich dem entziehen.

Seit mehr als 30 Jahren beschäftigt sich Veronika Ederer privat und wissenschaftlich mit den indianischen Kulturen Nordamerikas. In ihrer langjährigen Vermittlungstätigkeit für alle Altersstufen legt sie den Schwerpunkt auf Lernen mit allen Sinnen. Dabei recherchierte sie über die Jahre hinweg Literatur über indianische Nahrung und erschloss sich Quellen für ungewöhnliche Zutaten.

Aus dieser Begeisterung entstand zusammen mit Corina Gloor als ausgebildeter Dekorateurin die Idee, ein fachlich fundiertes und zugleich umfassendes Kochbuch indianischer Rezepte Nordamerikas auf Deutsch herauszubringen. In den vergangenen vier Jahren arbeitete, kochte und forschte sich das Team durch Fachliteratur, Rezepte, Online-Plattformen und Lebensmittelgeschäfte.

Entstanden ist ein Kochbuch, das inspiriert und informiert. Ungewöhnliche Rezepte etwa der Inuit, Lakota oder Cherokee laden zum einfachen Nachkochen zuhause ein. Informative Begleittexte vertiefen das Verständnis für indianische Geschichte und Kultur, klären über Klischees auf und machen bewusst, dass Ernährung auch für Indianer heute ein brandaktuelles Thema ist. Dieses Kochbuch eröffnet dem kulinarisch-kulturell Neugierigen damit 'Rezepte und mehr', und eignet sich auch als pädagogische Ressource für den Unterricht oder ein Freizeitlager.

Inhalt

„Du solltest ein Kochbuch schreiben."

Seit mehr als 30 Jahren beschäftige ich mich mit den indianischen Kulturen Nordamerikas, von den ersten prähistorischen Nachweisen menschlicher Besiedlung bis zu immer noch stattfindenden Festen und Ritualen. Dabei sammelte ich unter anderem nach und nach Hinweise auf indianische Ernährung, kaufte mein erstes indianisches Kochbuch noch im Ethnologie-Studium und bekochte meine staunenden Gäste. Über die Jahre hinweg erschloss ich mir Quellen für Bisonfleisch, farbigen Mais und Nopales und kaufte auf meinen Reisen vor allem in den Südwesten der USA weitere Nahrungsmittel sowie Literatur. In Deutschland und in der Schweiz verband ich meine Begeisterung für indianische Kulturen mit meiner langjährigen Lehrtätigkeit als freiberufliche Ethnologin und stellte Probierstände und Rezepte für Schulklassen, Projekttage, Ferienlager und Anlässe zusammen. Dabei erweiterte ich

mein Wissen schrittweise. Ich wollte die indianischen Kulturen mit allen Sinnen vermitteln und setzte diese Idee in der Museumspädagogik, der Erlebnispädagogik und der Begabtenförderung ein.

Doch den eigentlichen Ausschlag, dieses Buch zu schreiben, gab etwas völlig anderes. Durch Zufall hatte ich Broschüren des *Departement of Health and Human Services/Center for Disease Controll and Prevention* der USA entdeckt, in denen von verschiedenen Projekten des *Indigenous food sovereignty movement in American Indian and Alaska Native communities* berichtet wurde. Diese Dokumentationen machten deutlich, wie wichtig und aktuell das Thema der Ernährung für viele indianische Gemeinschaften ist. Der Bogen spannt sich von der Bekämpfung von Armut, Mangelernährung, Übergewicht und Diabetes über den Verlust der Sprache im Zusammenhang mit der Benennung der Pflanzen und Tiere bis zu Landrechten, die regeln, wer Zugang zum Land

und seinen Ressourcen haben soll. Auch der Verlust von Gebeten, Ritualen und Verwendungsmöglichkeiten der Nahrung, das Verschwinden traditioneller Vermittlung von älteren Personen an Jüngere durch gemeinsames Anbauen, Ernten, Sammeln oder Verarbeiten der Nahrung wiegen schwer. Fasziniert von der Vielfalt der Themen probierte ich einige der in den Broschüren angegebenen Rezepte aus, und als ich Freunden davon erzählte, meinten diese ganz spontan: „Du solltest ein Kochbuch schreiben."

Die Idee begeisterte mich sofort. Ich begann mit der Konzeptarbeit, stellte eine Liste mit Rezepten und Themenartikeln auf und mein Team zusammen. Corina Gloor, ausgebildete Dekorateurin mit Erfahrung unter anderem beim Film sowie in der Schaufensterdekoration, war sofort bereit, bei dem Projekt die zweite tragende Kraft zu sein. Peter Kuhn, Fotograph und langjähriger Kollege in der Museumspädagogik half mit Tipps und Material aus. Zu einem etwas späteren Zeitpunkt kam die Ethnologin Natalia Eschmann mit Rat und Tat hinzu, und mit wachsender Begeisterung konnte ich eine Freundin und ehemalige Kollegin, Petra Wieder, dafür gewinnen, unsere Fotos fachgerecht zu bearbeiten.

Dabei entwickelten wir über die Monate hinweg unseren eigenen Stil, der eine Mischung aus ethnographischer Einbettung, kulinarischer Dekoration und Umsetzbarkeit sein sollte. Wir wollten Gerichte kochen, die man ohne lange Einkaufslisten und ohne professionelle Ausbildung kochen konnte. Mit wachsender Freude durchkämmten wir Einrichtungsgeschäfte, Flohmärkte oder Brockenhäuser und stellten uns beim Einkauf die Gerichte bildlich vor.

Mein Anspruch war es, ein Kochbuch zu schreiben, bei dem der Schwerpunkt auf der korrekten Darstellung der Gerichte und des jeweiligen Hintergrunds lag. Ich wollte der jahrhundertelangen Eroberungsgeschichte des amerikanischen Kontinents Rechnung tragen und nicht verschweigen, dass Nahrungsmittel wie Chili, Kartoffeln und Tomaten mit der spanischen Eroberung von Süden sowie Produkte wie Schweinefleisch, Weizenmehl, Zucker sowie Milch und Milchprodukte mit den amerikanischen Lebensmittellieferungen nach Nordamerika gekommen waren. „Traditionelle Ernährung" ohne europäische Zutaten ist für viele Indigene heutzutage fast nicht möglich, und hier in Europa schon gleich gar nicht. Ich möchte die Leser unterhalten und informieren, aber auch über Klischees aufklären, die ungeachtet des verfügbaren Materials unverändert weitertradiert werden.

Auch sollte den Lesern bewusst werden, dass die aufgezwungene veränderte Ernährung auf den Reservationen zu großen kulturellen und gesundheitlichen Problemen führt. Viele der Gruppen versuchen, ihre Ernährung wieder in eigene Hände zu nehmen. Das Thema ernährungsbedingte Krankheiten ist ein großes, und neben dem Sprachverlust ein zunehmend wichtigeres. Deshalb werden in unserem Kochbuch auch Rezepte vorgestellt, die im Zusammenhang mit staatlichen Projekten oder Empfehlungen weitergegeben wurden. Fernab der wissenschaftlichen Erforschung indianischer Kulturen steht die Erfahrung mit Nase und Gaumen, mit den Händen und den Augen im Zentrum dieses Buches.

In diesem Sinne wünschen wir allen Lesern viel Freude, neue Einblicke und viele genussvolle Momente mit diesem Buch.

Alle Rezepte sind für 4 Personen berechnet.

Danksagung

Was 2016 als unschuldig geäußerte Idee begann, entwickelte sich über die Monate und Jahre hin zu einem umfangreichen Projekt, in das zahlreiche Kräfte und Kontakte eingebunden wurden. Deshalb ist es fast unmöglich, alle Personen, die ihren Beitrag zu dem Kochbuch leisteten, aufzuzählen!

Zu allererst möchte ich aber meinen Freunden und Kollegen Sandrina Lanz und Francesco Nicastro danken, dass sie mich zu dieser Idee ermutigten!

Weiterhin möchte ich meinem Team danken: meiner Freundin und der Haupt-Dekorateurin Corina Gloor, meinem Freund und Fotographen Peter Kuhn, meiner Freundin und wichtigen Unterstützung Nathalia Eschmann sowie meiner Freundin und Helferin in der Bildbearbeitung Petra Wieder. Vielen Dank an Markus Bühler-Rasom für seine eindrucksvollen Bilder und ein ganz herzliches Dankeschön an Stefan Liedtke nicht nur für Text und Bilder sondern auch für den Kontakt zum Lincom-Verlag.

Zahlreiche Verwandte, Freunde und Kollegen unterstützten uns bei dem Projekt, mit ihrer Begeisterung, mit Schüsseln und Dekorationsmaterial. Ob ich sie zum Halten des Scheinwerfers nötigte oder als Windschutz einsetzte, die Begeisterung blieb ungebrochen. Ich danke zahlreichen Verwandten, Freunden und Kollegen für Tipps, Unterstützung, Ermutigungen und Nachfragen: Angelika & Hubert Oskamp, Maria Wirrwa, Lydia Derungs-Lechner, Rita & Ernst Zurbuchen und viele andere. Ich danke für das geduldige Ertragen fortgesetzter Begeisterungsausbrüche, das Probieren ausgesprochen ungewohnter Lebensmittel und Gerichte und das Korrekturlesen der Texte: Judith Wiktorin, Maren Bayerl und Carola Geiger. Ich danke meinen Schülerinnen und Schülern in Zürich und Aesch/BL, dass sie mich mit ihrem Interesse angefeuert haben!

In the land of plenty - Indigene Ernährung in Nordamerika

Ernährung ist nicht nur die Aufnahme von Nahrung, sie ist von großer kultureller Bedeutung. Über die Nahrungsbeschaffung und -zubereitung erschließen sich Wege in die Sprache, Rituale, Familienstrukturen und historischen Veränderungen. Nahrung gibt Auskunft über das natürliche Umfeld einer Kultur, über die zu sammelnden Pflanzen und die zu jagenden Tiere. Die Zubereitung, Verwendung, Aufbewahrung und Tabuisierung von Nahrung erzählt von menschlicher Erfindungskraft, ökonomischer Notwendigkeit und dem begründenden religiösem Hintergrund. Die Veränderung der Zusammensetzung und Verfügbarkeit von Nahrung geben einen Einblick in historische Veränderungen, Aus- und Übernutzung der Umwelt, Umweltveränderungen oder dem Aufbau neuer Handelswege. Und darüber hinaus – lässt sich eine Gesellschaft sinnlicher erfahren als über geteilte Nahrung?

Indianische Ernährung muss traditionell und aktuell sowohl in jedem Gebiet für sich als auch im großen Zusammenhang betrachtet werden. Abhängig von der natürlichen Umwelt und den Jahreszeiten wurden Pflanzen gesät und geerntet, gesammelt und getauscht, die Schätze des Meeres und der Flüsse genutzt und die Tiere des Gebietes gejagt. Die traditionellen indianischen Kulturräume in Nordamerika sind nach landschaftlichen Kriterien und nach der hauptsächlichen Nahrungsgrundlage eingeteilt. In jedem Gebiet wurden je nach Klima und Tierwelt andere Nahrungsmittel bevorzugt.

So aß und isst man in der Arktis hauptsächlich (rohes) Fleisch vom Wal, von Robben, Karibus oder Fisch, Vogeleier sowie Meeresfrüchte. Das Essen von rohem Fleisch war eine gesundheitliche Notwendigkeit, da rohes Fleisch Vitamine enthält, die die Menschen dort sonst nur im kurzen arktischen Sommer durch Beeren erhalten. In der Subarktis ernährten sich die Jäger von Karibus, Elchen oder Niederwild und Fisch, aber auch von gesammelten Beeren und Pflanzen. Charakteristisch für die Nordwestküste ist der Lachs, aber auch andere Fische und Meeressäugetiere. In Kalifornien sammelten die Menschen wilde Pflanzen und Eicheln, jagten aber auch Antilopen und Niederwild. Im Großen Becken war die Nahrung oft knapp und bestand manchmal nur aus Pflanzen, Kleinwild und Insekten. Die in riesigen Schwärmen auftretenden Grashüpfer wurden geröstet, aber ebenso Larven, Raupen und Ameisen verzehrt. Auf den Plains basierte die Lebensgrundlage auf dem Bison, teilweise auch auf dem Anbau von Mais, Bohnen und Sonnenblumen. Im Südwesten pflanzten die sesshaften Pueblo Mais, Bohnen und Kürbis an, auch im Südosten und Nordosten legten die Gruppen Felder an. Hinzu kam die Jagd auf Hirsche und kleinere Tiere.

In den einzelnen Gruppen waren die Tätigkeiten zur Nahrungssuche aufgeteilt: hauptsächlich jagten und fischten die Männer oder legten die Felder an, die Frauen sammelten Pflanzen, Früchte und Wurzeln oder bestellten die Felder, wobei Jungen und Mädchen schon früh halfen. In vielen Fällen waren die Frauen für die Verteilung der Nahrung zuständig, weil sie ihr Eigentum war. Sie mussten haushalten können und sich Nachbarn gegenüber großzügig zeigen. Großzügigkeit und Gastfreundschaft waren und sind ein wesentlicher Teil indianischer Kulturen. Auch bereiteten sie die Nahrung aus dem zu, was gerade vorhanden war und bewiesen dabei großes Geschick und viel Kreativität. Über die Versorgung der Familie mit Essen wurden der Junge zum Mann und das Mädchen zur Frau.

Beim Sammeln der Pflanzen, Wurzeln und Früchte wurden Gebete gesprochen und über den Pflanzen zum Dank zum Beispiel etwas Tabak verstreut. Auch die Jäger dankten dem erlegten Tier, das sein Leben für die Ernährung der Menschen gelassen hatte, auf

vielfältige Weise und befolgten bestimmte Jagdrituale vor, während und nach der Jagd. Oft wurden die Gräten oder Knochen der Tiere besonders behandelt, um eine Wiedergeburt des Jagdwildes zu ermöglichen.

Die Zubereitung der Nahrung war deshalb entsprechend vielfältig. In Kochbeuteln und Töpfen wurden Suppen und Eintöpfe gekocht, Fleisch und Fisch über dem Feuer oder auf heißen Steinen geröstet. Getreide und Früchte konnten zu Mehl oder Mus zerstoßen und zubereitet werden. Manche Gerichte wurden im Erdofen oder in einer Lehmschicht gedünstet, gekocht, frittiert oder kalt serviert. Es gab Speisen mit Gemüse, Pilzen, Beeren, Nüssen, Samen und Wurzeln sowie Süßspeisen aus Früchten oder Pflanzensäften. Getrunken wurden neben Wasser auch Frucht- und Beerensäfte sowie Aufgüsse aus verschiedenen Pflanzen, alkoholische Getränke gab es in Nordamerika kaum.

Nahrung war kostbar und wurde entsprechend geschätzt. In manchen Gesellschaften fasteten die Menschen und trainierten dabei unbewusst für Hungerzeiten. Hungersnöte waren ein Bestandteil des Lebens und traten immer wieder auf. Vor allem gegen Ende des Winters oder bei Missernten konnten die Vorräte knapp werden. Dabei versuchte man mit verschiedenen Konservierungsarten wie Räuchern oder Einsalzen die Nahrung für den Winter haltbar zu machen. In vielen Gebieten war das Trocknen von Fleisch eine gängige Methode. Die Frauen schnitten das Fleisch in Streifen und hängten es zum Trocknen in die Sonne. Ein Teil des Trockenfleisches wurde mit einem Steinhammer zerschlagen und zusammen mit Fett und getrockneten Beeren in gesäuberten Tierdarm gestopft. Diese „Würste" waren sehr nahrhaft und sehr lange haltbar.

Es herrschten keine festen Essenszeiten, meist wurde morgens und abends gegessen. Bei vielen Gruppen hing stets ein Kochgefäß über dem Feuer, denn wenn Gäste kamen wurde jederzeit Nahrung serviert, oder die Kinder konnten sich im Laufe des Tages etwas holen. Beim Essen herrschten strenge Regeln, oft wurde das Essen schweigend eingenommen, um sich auf die Nahrung zu konzentrieren. Auch sollte man mäßig essen und nicht schlingen. Bisweilen aßen Gäste, Männer, Frauen und Kinder getrennt und auch nicht immer die gleichen Nahrungsmittel. Manche Nahrung war (schwangeren) Frauen oder Kindern verboten, oder man bereitete sich durch Fasten auf ein Ritual vor.

Bei Festen wurde dagegen besonders viel und besondere Nahrung gereicht. Wenn man zum Beispiel bei einer Gruppe auf den Great Plains zum Essen eingeladen war, brachte man sein Geschirr selbst mit und nahm es unter Umständen mit Essen gefüllt mit nach Hause.

In Hungerszeiten bekamen aber vor allem die Kinder Nahrung, da sie die Zukunft des Stammes waren. Dann wurde auf Notnahrung zurück gegriffen, die je nach Region Baumrinde, Leder, Insekten sowie alle Reste von geschlachteten Tieren inklusive Knorpeln, Knochen, Organe und Gedärme enthielt.

Nicht nur bei der Nahrungszubereitung, auch bei den Getränken nutzten indianische Gruppen, was die umgebende Natur ihnen bot. Natürlich war frisches Wasser das Grundgetränk und in Wüstengegenden entsprechend kostbar. In manchen Gebieten in Mesa Verde erweiterten die Menschen kleine Wasserrinnsale im Felsen zu einer Mulde. Mit Tonlöffeln, die genau der Größe der kleinen Mulde entsprachen, schöpften die Frauen das Wasser in Krüge, um es dann in die Klippensiedlungen zu bringen.

Um dem Getränk einen anderen Geschmack zu geben oder es als Heilmittel zu verwenden, wurden frische oder getrocknete Kräuter, Wurzeln, Rinde oder frische Triebe von Bäumen verwendet. Diese Pflanzenteile wurden auch für den Winter gesammelt und getrocknet aufbewahrt. Indianische Frauen kannten eine Vielzahl von Pflanzen, deren Blätter nicht nur schmeckten und bekömmlich waren, sondern auch beruhigten oder heilten. Der französische Entdecker Jacques Cartier und seine Mannschaft erkrankten 1535 bei der Erkundung der Nordostküste Nordamerikas an Skorbut – die Küstenindianer gaben den Männern einen Aufguss aus Fichtennadeln zu trinken, was sie kurierte.

Dort, wo er verfügbar war, wurde der Baumsaft des Zuckerahorns beigefügt, im Südwesten war der Agavendicksaft neben Früchten das einzige Süßungsmittel. Reife Früchte und Beeren wurden zerdrückt und den Getränken beigemischt. Je nach Region verwendeten die indianischen Frauen Buffalo Berries, Hagebutten, Cranberries, Erdbeeren, Brombeeren oder Kaktusfrüchte. Die Blüten mancher Sträucher und Kakteen gaben den Getränken aber ebenso einen süßen Geschmack, wie zum Beispiel Ocotillo.

Wenn die Getränke auch kräftigend sein sollten, so ähnelten sie eher Suppen als Getränken. Ein Beispiel hierfür ist Atole, die mit geröstetem Maismehl angerührt wurde und vor allem den alten Menschen gereicht wurde, gesüßt oder gesalzen. Schon in prähistorischer Zeit wurden außerdem Kakaobohnen von Mexiko bis in den amerikanischen Südwesten gehandelt. Im Pueblo Bonito im Chaco Canyon, New Mexico, fanden sich Nachweise für den Gebrauch. Die Elite genoss also schon sehr früh xocolàtl.

Mit dem Vordringen der europäischen Kolonisation änderte sich der Nahrungserwerb aller Gruppen grundsätzlich. Das Wild wurde in vielen Regionen von den Siedlern, Soldaten und Goldgräbern geschossen – zur Ernährung oder aus Freude. Flüsse wurden verschmutzt, aufgestaut und leergefischt, durch den andauernden Kriegszustand konnten Wildfrüchte nicht mehr gesammelt und Felder nicht mehr bestellt werden. Im letzten Viertel des 19. Jahrhunderts wurde zudem

nach einer dauerhaften Lösung für das „Indianerproblem“ gesucht. Ab 1871 waren die indianischen Gesellschaften als Mündel dem BIA (Bureau of Indian Affaires) unterstellt und waren damit keine der US-Regierung gleichberechtigten Verhandlungspartner mehr. Viele Gruppen wurden nach ihrer Aufgabe als "prisoners of war" behandelt. Die Indianer waren gezwungen, sich rasch und rückhaltlos der amerikanischen Gesellschaft anzupassen, was auch die Isolierung und harte Erziehung der Kinder in weit entfernten Schulen rechtfertigte.

Die Ende des 19 Jahrhunderts besiegten Ethnien wurden in festgelegte Reservate gezwungen und mit Lebensmittelrationen von der Regierung abhängig gemacht. Kehrten die Kinder einige Jahre später aus den Internatsschulen zurück, so hatten sie das Kochen ausschließlich mit europäischen Nahrungsmitteln gelernt.

Die Lebensmittellieferungen auf den Reservaten waren unzuverlässig und enthielten ungewohnte Zutaten. Aus Fett und Weizenmehl entwickelten die Frauen das Frybread, das heute zu einem pan-indianischen Gesundheitsrisiko geworden ist. Viele Gruppen konnten mit Rindfleisch im Gegensatz zu Bison nichts anfangen, Reis wurde anfangs weggeworfen, da man ihn für Maden hielt, und in der Arktis verhungerte in den 1930ern eine ganze Inuit-Gruppe, weil die Karibu-Herden nicht kamen und die Regierung den Menschen getrocknete Bohnen geliefert hatte – ohne eine Möglichkeit, sie zu kochen. Viele Gruppen wie auch die Apachen misstrauten der Milch und dem Schweinespeck, da sie erlebt hatten, was Schweine fraßen Kaffee und Schwarztee dagegen erlangten rasche Beliebtheit. Korrupte Indianeragenten bereicherten sich an den Lebensmittelzuteilungen, und ungünstig gelegene Anbaugebiete machten das Anlegen von Feldern unmöglich. Der Alkohol, der trotz knapper Lebensmittel immer erhältlich war, tat sein Übriges.

Die Reservationen durften nicht ohne Genehmigung verlassen werden, Jagen und Sammeln außerhalb des Gebietes wurde verboten. Mit dem Ende der Indianerkriege war das Ende der Misshandlung noch nicht erreicht. Erst 1924 erhielten die Ureinwohner des Landes das amerikanische Bürgerrecht. Die Reste der Bevormundung sind noch heute auf vielen Reservationen spürbar.

Heute leiden viele Indianer massiv unter der veränderten Ernährung seit dem Eindringen der Europäer. In vielen Reservaten sind Lebensmittel grundsätzlich teurer als in den amerikanischen Supermärkten. Arme und weit vom Zentrum entfernt lebende Menschen haben oft keinen Zugang zu frischem Gemüse oder Obst oder überhaupt zu genug Nahrung. Zunehmende Probleme wie Übergewicht und Diabetes zwingen viele Gemeinschaften dazu, Maßnahmen zu ergreifen und sich an ihre traditionellen Nahrungsmittel zu erinnern. Vieles von dem Wissen ist über die Jahrhunderte der Unterdrückung verloren gegangen und muss mühsam wieder erarbeitet werden. Schulen und Gemeinschaftszentren geben deshalb freie Essen für Kinder oder alte Leute aus. Aus den Projekten entstehen Internetplattformen, Kochbücher und kleine indianische Unternehmen, die sich die Fortführung der Traditionen auf die Fahnen geschrieben haben, die es wert sind, unterstützt zu werden.

Drinking down the Sun - der Südwesten

Der nordamerikanische Südwesten gehört landschaftlich wohl zu den schönsten Orten des Landes. Die Plateaus, Canyons, Ebenen, verschneiten Gebirge und die Sandsteinformationen der Täler - Landschaft, Leben und Kulturen sind von harschen Gegensätzen geprägt. Klimatisch gesehen gehört dieser zum amerikanischen Wüstengürtel mit ausgesprochenem Kontinentalklima. Die von Nord nach Süd verlaufenden Gebirge des nordamerikanischen Kontinents lassen die strengen Winter in den Süden ungehindert vordringen. Die Landschaft ist charakterisiert durch tief erodierte Flussläufe in einem höher gelegenen Tafelland, in dem nur Hauptströme das ganze Jahr über Wasser führen. Das Land liegt durchschnittlich 2.000 Meter hoch und erhält nur ca. 200 mm Niederschlag im Jahr. Die Vegetation setzt sich aus Buschsteppe mit niedrigem Bewuchs, aus Halbwüsten mit Sukkulenten und Dickblattgewächsen, Saguaro und Yucca, aus fruchtbaren Flussläufen und Schwemmlandgebieten mit Laubwäldern und Wiesen, aus weiten Hochebenen und Gebirgszügen zusammen. In höheren Lagen wachsen dichte Nadelbaumwälder, Wacholderbäume, und im Winter fällt reichlich Schnee.

Die Tierwelt besteht aus vielen Wüstenbewohnern: zahlreichen Reptilien, Schlangen und mehreren Vogelarten. Viele Arten von Kleinsäugern wie Ratten, Mäuse, Skunks und Erdhörnchen leben in dem Gebiet. Größere Tiere wie Wapiti, Luchse, Pumas und in den höheren Lagen Bären sind hauptsächlich im Wald zu finden. An den Gewässern finden sich Otter und Marder, in manchen Gebieten das Pekari. Häufig anzutreffen ist der Weißwedelhirsch, und in neuerer Zeit auf Farmen gezüchtet erholt sich auch der Bison, der in vorkolumbischer Zeit die

nordwestlichen Ebenen des Südwestens bevölkerte.

Die Vorgeschichte im Südwesten ist recht komplex. Ungefähr ab 9500 v.Chr. verteilten sich die Menschen in kleinen Jagdgemeinschaften über das Land. In der Nähe zu den Plains spielte wohl die Bisonjagd die größte Rolle beim Nahrungserwerb. Später erwärmte sich das Klima, und die Menschen stellten sich allmählich auf Niederwildjagd um. Ab 1000 v.Chr. wurde es zunehmend trockener im Südwesten, die Menschen wurden mehr und mehr sesshaft und lebten in Grubenhäusern.

Auf welche Weise der Bodenbau in diesem Gebiet eingeführt wurde, ist nicht mehr genau nachzuvollziehen. Um etwa 500 n.Chr. entwickelten sich immer komplexere und dynamischere Dorfgemeinschaften, die Bevölkerungszahl stieg beständig.

Die kulturelle Komplexität der Gruppen lässt sich vor allem am Chaco-Phänomen (900-1150 n.Chr.) ablesen, in dessen Zeit große

Stadtanlagen, ausgereifte Bewässerungssysteme und ausgedehnte Handelsrouten entstanden. Besonders bekannt ist Pueblo Bonito im Chaco Canyon im nordwestlichen New Mexico als beeindruckendes Zeugnis einer Hochkultur. Als sich ab 1130 n.Chr. eine Dürreperiode abzeichnete, wurden die Siedlungen relativ rasch verlassen.

Die indianischen Kulturen des Südwestens sind in der europäischen Kontaktzeit vor allem durch zwei Bevölkerungsgruppen gekennzeichnet: die sesshaften, feldbautreibenden Pueblo-Völker und die halbsesshaften, später eingewanderten Athapaskengruppen. Die Bewohner der Pueblo (Pueblo bedeutet "Dorf" im Spanischen) bilden die Nachfahren der prähistorischen Kulturen im Südwesten, der Anasazi, Hohokam, Mogollon, Sinagua und Salado, deren Bauwerke heute noch beeindrucken. Die sesshaften Pflanzervölker bewässerten ihre Felder hauptsächlich mit dem Sturzwasserfeldbau, indem sie das Wasser nach Regenfällen in

schmalen Rinnen auf die Felder leiteten. Die Lebensgrundlage der in Lehmhäusern lebenden Pueblo-Gruppen war der An-
bau von Mais, Bohnen, Kürbis und Baumwolle, ergänzt durch die Jagd und den Tauschhandel mit Keramik, Salz und Importen aus dem heutigen Mexiko wie Papageien, Kakao und Muscheln. Seit der Ankunft der Spanier hatten die Pueblo Kontakt zu ihnen unbekannten Nahrungsmitteln wie Chili und Kartoffeln aus Mittel- und Südamerika, europäischem Obst wie Aprikosen, Pfirsiche, Getreide wie Weizen und Gerste und Haustieren wie Rinder, Schafe und Hühner. Nach und nach nahmen sie diese Lebensmittel in ihre Ernährung auf.

Ab 1450 sickerten die Apachen in kleinen Gruppen, die ursprünglich aus dem westlichen Kanada stammten, in den Südwesten ein. Der Name "ápachu" kommt möglicherweise aus der Sprache der Zuni, was "Feind" bezeichnet. Sie selbst nennen sich "Inde" oder "Ndee" - "Menschen". Vermutlich blieben die Apachengruppen bis in die 1720er Jahre in losem, nicht immer friedlichem Kontakt miteinander. Schon auf der Wanderung nach Süden und vergleichsweise kurz nach ihrem Eintreffen im Südwesten kamen sie in Kontakt mit den Spaniern.

Nur die Navajo übernahmen größtenteils die sesshafte Lebensweise der Pueblo-Nachbarn und auch mehrere kulturelle Elemente. Die Apachen teilten sich in kleine Regionalgruppen auf, die oft nach dem derzeitigen Wohnort benannt wurden. Zu Zeiten der amerikanischen Verfolgung fand noch eine stärkere Durchmischung der Gruppen statt, die in der Ansiedlung in den Reservationen in Arizona, New Mexico und Oklahoma ihr vorläufiges Ende hat.

Die Apachengruppen lebten im jahreszeitlichen Wechsel in kleinen Familiengemeinschaften in Dörfern entweder aus konischen Stangenzelten oder Gowahs, runden Hütten aus Zweigen und Gras. Ihre Nahrungsgrundlage waren die Jagd und die Sammelwirtschaft, sie bauten gelegentlich Mais an, und vor allem die östlichen Apachen gingen auf Bisonjagd. Verschiedene Lokalgruppen ernteten saisonal bestimmte Wildfrüchte, wie zum Beispiel Mesquite oder Mescal, der gesammelt und im Erdofen gegart wurde. Als die Apachen die Pferde von den Spaniern übernahmen, wurden sie überaus geschickte Reiter und nutzten die Tiere zu Jagden, Wanderzügen, vor allem aber auch zu Überraschungsangriffen.

Die mobilen Apachengruppen sollten schon in spanischer Zeit in der Nähe von Handelsstationen und auf Reservaten angesiedelt werden, um leichter kontrolliert zu werden. Diejenigen Apachen, die sich zu einem Leben in den Reservaten hatten überreden lassen, flohen vor den schlechten Lebensbedingungen und den Misshandlungen wieder in die Wildnis, von wo zahlenreiche Armeetrupps sie zurückholten. Da das Gebiet von den immer zahlreicher werdenden Siedlern leergejagt war, wurde der Raubzug zur Lebensgrundlage. Der längste und bekannteste Widerstand des Apachen Goyah-klah (Geronimo), endete erst 1886, als General Miles dessen kleine Gruppe zur Aufgabe überredete, nachdem über 5.000 Soldaten sie nicht gestellt hatten.

Seine Leute, ihn und die Apachenscouts schickte man in die malariaverseuchten Lager nach Florida, Alabama und Oklahoma, wo zahllose Menschen starben und keiner von ihnen ihre Heimat wiedersehen würde. Ein Teil der Überlebenden wurde auf der Mescalero-Reservation in New Mexico angesiedelt. Ihr Schicksal teilen sich die Apachen mit vielen Stämmen, auf deren Reservaten Arbeitslosigkeit, Alkoholismus und eine niedrigere Lebenserwartung herrschen. Gerade aber im amerikanischen Südwesten besteht für viele Gruppen die Möglichkeit, Geld über den Tourismus zu verdienen. Nicht zuletzt entstehen auch hier besondere Projekte zur Erhaltung von traditionellen Anbaumethoden oder Ernährung.

Orangen-Kaktus-Salat

1 rote Paprikaschote

3 Orangen

6 eingelegte Nopales (Kaktusblätter) (siehe Bezugsquellen)

1 EL Sonnenblumenkerne

4 EL Maisöl

2 EL Balsamico-Essig

½ TL Cayennepfeffer

Salz

- Die gewaschene Paprikaschote auf ein Backblech legen und bei 200° im Ofen backen, bis die Haut sich löst. Abkühlen lassen und die Haut abziehen.
- Die Orangen schälen, in dünne Scheiben schneiden und auf einer Platte anrichten.
- Die eingelegten Kaktusblätter in 1cm breite Streifen schneiden.
- Sonnenblumenkerne ohne Fett in der Pfanne kurz anrösten.
- Paprikaschote in feine Streifen schneiden, zusammen mit dem Nopales auf die Orangen legen.
- Maisöl, Essig, Cayennepfeffer und Salz vermischen, über den Salat geben und mit Sonnenblumenkernen garnieren.

(Quelle: Ferretti 2000: 26)

Piniensuppe der Apachen

4 Frühlingszwiebeln

1 TL Öl

400 ml Brühe

100 g Pinienkerne

125 ml süße Sahne

Salz & Pfeffer (evtl. Cayennepfeffer)

Pinienkerne zum Garnieren

- Frühlingszwiebeln putzen und in feine Ringe schneiden. Ein bisschen Grün für die Dekoration aufheben. In einem Topf das Öl erhitzen und die Frühlingszwiebeln andünsten, bis sie glasig sind.
- Die Brühe hinzu geben und aufkochen lassen. Pinienkerne (einige zum Garnieren zurückbehalten) hinzufügen, und die Suppe etwa 30 Minuten kochen lassen.
- Die Suppe abkühlen lassen und im Mixer fein pürieren.
- Mit Sahne, Salz, Pfeffer (und evtl. Cayennepfeffer) abschmecken und nochmals aufkochen. Mit Frühlingszwiebeln und Pinienkernen garnieren.
- Die Suppe ist sehr reichhaltig und eignet sich daher als Hauptspeise.
- Passt gut dazu: Salbeibrot der Navajo (Seite 35) oder Frybread (Seite 36).

(Quelle: Cox & Jacobs 1991: 147)

Die Samen der Pinyon Pine (*Pinus edulis*) wurden von zahlreichen Gruppen im amerikanischen Südwesten genutzt, da sie nicht nur sehr reich an Fett und Proteinen sondern auch hochkalorisch waren. Die Apachen verbaten deshalb schwangeren Frauen, Pinienkerne zu essen, da die ungeborenen Kinder sonst zu groß und die Geburt problematisch werden könnte. Nach der Geburt jedoch war Pinienkernmus ein besonders wertvolles Essen für Säuglinge. Im Herbst oder frühen Winter unternahmen die Menschen weite Wanderungen, um sie zu sammeln, wobei die ganze Familie mithalf. Mit einem langen Stock schlug man die Samen aus den Zapfen an den Bäumen, falls diese sich schon geöffnet hatten. Falls die Zapfen noch geschlossen waren, wurden sie heruntergeschlagen und ins Feuer gelegt, bis sie sich öffneten. Auch die Samen selbst wurden geröstet, um die Schalen leichter entfernen zu können.

Pozole

1 Zwiebel

1 EL Öl

100 g getrockneter Pozole-Mais, über Nacht eingeweicht (siehe Bezugsquellen)

2 New Mexico Chilischoten

100 g Speckwürfel

200 g Schweinefleisch, gewürfelt

1 L Wasser

Salz & Pfeffer

- Die Zwiebel fein hacken, das Öl in einem Topf erhitzen und Zwiebel und Speckwürfel hinzugeben.
- Mais, Schweinefleisch, Chili, Salz und Pfeffer hinzugeben und zum Kochen bringen. Die Hitze reduzieren und etwa eine Stunde leicht köcheln lassen, bis der Mais weich ist. Kräftig abschmecken.
- Passt gut dazu: Mais-Tortillas, Salbeibrot der Navajo (Seite 35) oder Frybread (Seite 36).
- Der Eintopf ist ein typisches Gericht an den Feiertagen im Pueblo und wird normalerweise in großen Mengen zubereitet. Statt Speck und Schweinefleisch kann auch Hühnerfleisch verwendet werden.

(Quelle: Frank 2002: 31)

Das papierdünne Maisbrot Piki besteht aus extrem feinem blauem Maismehl, der Asche von verbrannten Wacholderbeeren und Wasser. Es ist ausserordentlich nahrhaft und gilt bei einigen Stämmen als Grundnahrungsmittel.

Die komplizierte Technik der Piki-Zubereitung wurde bei den Hopi über Generationen von den Müttern an ihre Töchter weitergegeben, genauso wie der Stein, auf dem es gebacken wird. Traditionell wird es in einem speziellen Piki-Haus hergestellt. Der Stein wurde durch vier Beine etwas erhöht, um unter ihm das Feuer zu entzünden. Es benötigt viel Zeit den Stein richtig vorzubereiten und zu erwärmen. Unter anderem muss er mit dem Öl von Sonnenblumen- oder Wassermelonenkernen, mit ausgekochtem Knochenmark oder Hirn gefettet werden. Der flüssige Teig wird mit der Hand über den heißen Stein gestrichen und im richtigen Moment fast wie eine Zeitung zusammengefaltet.

Früher mussten junge Frauen den zukünftigen Schwiegereltern demonstrieren, dass sie die Kunst Piki herzustellen beherrschten, bevor sie als heiratsfähig galten. Piki hat sicher an Bedeutung verloren, doch an Feiertagen wird es heute noch gebacken und gegessen.

Tourismus im Südwesten

Die Entwicklung des Indianertourismus hängt mit der Besiedlung Nordamerikas und dem Bau der transkontinentalen Eisenbahnen zusammen. Dabei waren die indianischen Kulturen erst nur Beiwerk zu außergewöhnlichen Landschaften wie den Niagarafällen, die das eigentliche Ziel darstellten. Während durch die Indianerkriege das Bild des „edlen Wilden" verdrängt worden war, führte wenige Jahre später die Vorliebe für die amerikanische „wilderness" zu einer Neuentdeckung indigener Kulturen, die nun als schützenswert angesehen wurden.

Die Eisenbahnlinien warben mit Indianern und boten ab den 1920er-Jahren geführte Ausflüge zu Pueblos an. Zur Unterhaltung der Reisenden wurden Tanzgruppen engagiert und Souvenirläden eingerichtet. Durch Gemälde aus den Künstlerkolonien von Taos und Santa Fe, New Mexico wurde vor allem der Südwesten zum beliebten Reiseziel.

Die Beeinflussung des Kunsthandwerks spielt heute noch eine große Rolle. Da die Käufer authentisches Kunsthandwerk verlangen, werden oft Innovationen verhindert. So dürfen zum Beispiel seit den 1980er-Jahren unter den Arkaden des Museum of New Mexico in Santa Fe keine Töpferwaren mehr verkauft werden, die mit einer Drehscheibe hergestellt wurden, oder die neue Designs zeigen.

Viele touristische Einrichtungen tragen zum Erhalt von Tänzen und materieller Kultur bei. Die westliche Institution des Museums ist seit den 1960er-Jahren auf Reservationen aufgegriffen worden. Sie sind oft gleichzeitig Kulturzentren und informieren sowohl die eigene indigene Bevölkerung als auch Touristen. Dabei sind sie eine Art Kontaktzonen, in der Besucher ungestört der fremden Kultur gegenübertreten können. Der Indianertourismus in Nordamerika bedient heute wie vor 100 Jahren das Bedürfnis der Reisenden nach einer schönen Landschaft und einer mehr oder weniger exotischen Kultur.

Bohneneintopf der Pueblo

450g Lammfleisch am Knochen

1 Zwiebel

1 Knoblauchzehe

1 EL Öl

220 g (Anasazi) Bohnen, über Nacht eingeweicht

1 L Brühe

1 fein geschnittene Chilischote

Salz & Pfeffer

Frischer Koriander zum Garnieren

- Zwiebel und den Knoblauch fein hacken, das Öl in einem Topf erhitzen und beides hinzugeben.
- Lammfleisch, die eingeweichten Bohnen, Brühe, Chili, Salz und Pfeffer hinzugeben und zum Kochen bringen. Die Hitze reduzieren und etwa eine Stunde leicht köcheln lassen, bis die Bohnen weich sind.
- Das Fleisch vom Lammknochen entfernen und in feine Fasern zupfen. Der Suppe wieder hinzufügen, mit Koriander garnieren und heiß servieren.
- Passt gut dazu: Salbeibrot der Navajo (Seite 35) oder Frybread (Seite 36).

(Quelle: Cox & Jacobs 1991: 148)

Wildeintopf der Apachen

1 rote, grüne und gelbe Paprika

1 Zwiebel

1 Knoblauchzehe

2 EL Maisöl

2 Karotten

1 Süßkartoffel

1 kg Reh- oder Hirschgulasch

1 TL Wacholderbeeren

4 Lorbeerblätter

1 TL Cayennepfeffer

250 ml Wasser oder Brühe

Salz & Pfeffer

- Die Zwiebel und den Knoblauch fein hacken, die Paprika in ca. 2x2 cm große Stücke, die Karotten und die Süßkartoffel in Würfel schneiden. Das Öl in einem Topf erhitzen, Zwiebel und Knoblauch hinzugeben und glasig werden lassen.
- Gulasch hinzufügen, von allen Seiten kräftig anbraten und mit Cayennepfeffer würzen. Paprika, Süßkartoffel und Karotten hinzugeben, Wasser oder Brühe angießen, Wacholderbeeren und Lorbeerblätter in einem Gewürz-Ei hinzugeben und auf kleiner Flamme schmoren lassen, bis das Fleisch gar ist.
- Passt gut dazu: Frybread (Seite 36).

(Quelle: Ferretti 2000: 49/Frank 2002: 165)

Die Mescalero Apachen erhielten ihren Namen aufgrund ihrer Verwendung der Mescal-Agave. Auch heute noch werden im späten Frühling die Agaven gesammelt, von ihren Wurzeln und spitzen Blättern getrennt und aus dem Boden gehebelt. In dem Erdofen wird über mehrere Stunden hinweg ein Feuer in Gang gehalten. Nachdem es niedergebrannt ist, werden die rohen Agavenherzen auf die Glut gelegt und mit einer dicken Schicht Gras, Erde und Steinen bedeckt, um die Hitze und den Dampf im Inneren zu halten. Nach vier Tagen wird der Erdofen schließlich geöffnet und die Mescal-Herzen entnommen. Das erstaunlich süß schmeckende Mark der Blattansätze wird teilweise im Rahmen eines Festes sofort verzehrt, teilweise getrocknet und später den traditionellen Gerichten beigegeben.

Hopi-Eintopf mit Maisknödeln

Eintopf:

1 Zwiebel
500 g Hackfleisch
2 EL Maisöl
1 Zucchini
1 grüne Paprika
1 Dose Mais
200 g Kürbis
1 TL New Mexico-Chili
Salz & Pfeffer

Maisknödel:

300 g blaues Maismehl
(siehe Bezugsquellen)
2 TL Backpulver
2 TL Speckwürfel
½ Tl Salz
200-250 ml Milch

- Die Zwiebel fein hacken, die Paprika, die Zucchini und den Kürbis in Stücke schneiden. Das Öl in einem Topf erhitzen, die Zwiebel hinzugeben und glasig werden lassen.
- Das Hackfleisch hinzufügen, anbräunen, dann Maiskörner, Paprika, Zucchini und Kürbis in den Topf geben. Mit Wasser bedecken und auf kleiner Flamme etwa 30 Minuten köcheln lassen.
- In einer Rührschüssel das Maismehl, das Backpulver, die Speckwürfel und das Salz vermischen. Genug Milch hinzugeben, bis ein fester Teig entsteht. Kleine Kugeln formen und 15 Minuten vor Ende der Kochzeit in den Eintopf geben. Ziehen lassen, bis die Knödel dunkel(blau) sind.

(Quelle: Cox & Jacobs 1991: 172)

Salz war ein kostbares Gut, das von vielen indianischen Gruppen des Südwestens geerntet und weithin gehandelt wurde. Es wurde unter Gebeten von der Oberfläche ausgetrockneter Salzseen gewonnen Die Hopi legten kleine Gaben für die Salzfrau nieder, wenn sie an den See kamen. Oft waren die Salzstellen ein Gebiet des Waffenstillstandes, an dem man nicht angegriffen werden durfte. Das Salz wurde vor allem dazu verwendet, das Fleisch haltbar zu machen, aber natürlich auch zum Würzen der Gerichte. Über ganz Nordamerika zogen sich Handelswege, die nicht nur den Flüssen sondern vor allem den Salzstellen folgten. Auch die spanischen Eroberer erkannten den Wert des Gewürzes, als sie drei Pueblo in New Mexico wegen ihres Salzhandels „Salinas Pueblos" nannten.

Sunrise Ceremony

Das größte öffentliche Fest der Mescalero Apachen wird jedes Jahr am Wochenende des 4. Juli gefeiert. Zentrales Ereignis dieses viertägigen Festes ist das Pubertätsritual eines erwachsen werdenden Mädchens. Sie gilt währenddessen als Verkörperung von Changing Woman und hat die Kraft, Menschen zu heilen. Wegen der relativ hohen Kosten richten heutzutage mehrere Familien das Fest gemeinsam aus. Seit etwa 40 Jahren ist es für Besucher und Touristen zugänglich.

Auf dem Ceremonial Ground in Mescalero wird am Morgen des ersten Tages unter Gesängen ein großes Tipi, das *kotulh*, errichtet. Die Mädchen werden gewaschen und in ihr Festgewand gekleidet. Jedes Mädchen wird durch die Zeremonie von einer *yadeche*, einer älteren Frau von unzweifelhaftem Ruf begleitet. Diese bringt dem Mädchen vor allem die wichtigen Werte, Aufgaben und Verhaltensweisen nahe.

Zahlreiche Tipis aus Leinstoff und Sonnendächer werden rund um den Festplatz für Gäste errichtet. In den Reisighütten kochen Eintöpfe in Eisenkesseln, Stapel von Frybread und sowohl traditionelle als auch moderne Nahrungsmittel werden gereicht. Das große Feuer auf dem Festplatz wird bei Einbruch der Dunkelheit für die abendlichen Tänze der Ga´an entzündet. Die Tänzer tragen Holzstäbe in den Händen und vertreiben böse Geister und Krankheiten. Das große Feuer und das Essen, das den ganzen Tag an Besucher verteilt wird, zeigt die Großzügigkeit der gastgebenden Familien.

Am letzten Morgen schließt die Zeremonie bei Sonnenaufgang. Unter Gesängen und Gebeten laufen die Mädchen viermal zu einem mit speziellen Gaben gefüllten Korb, danach werden Geschenke in die anwesende Menge geworfen und das Fest endet mit der Niederlegung des großen Zeltes.

Salbeibrot der Navajo

3 EL Milch

20g Trockenhefe

1 TL Zucker

300 g Weizenmehl

1 TL Salz

6 fein geschnittene Salbeiblätter

1 Ei

200 g Hüttenkäse

1 EL Maisöl

- Milch etwas anwärmen und mit Hefe und Zucker in einer Schüssel vermischen. An einem warmen Ort zugedeckt 15 Minuten stehen lassen, bis die Hefe Blasen wirft.
- Mehl und Salz in eine Schüssel geben, den Hefeansatz hinzufügen. Alle Zutaten hinzugeben und zu einem glatten Teig verarbeiten.
- Den Teig an einem warmen Ort zugedeckt etwa 90 Minuten gehen lassen. Gegen Ende der Gehzeit den Backofen auf ca. 200°C vorheizen
- Den Teig zu einem Laib formen und im Backofen bei 200°C etwa 30-40 Minuten backen.

(Quelle: Ferretti 2000: 116)

Fry Bread

125 g Weizenmehl

75 ml lauwarmes Wasser

20 g Trockenhefe

20 g Butter

1 Prise Salz

1 TL Zucker

Öl zum Frittieren

- Die Hefe in eine Schüssel geben und mit dem lauwarmen Wasser verrühren. Etwa 5 Minuten stehen lassen, dann Zucker, Salz, Butter und Mehl hinzugeben, zu einem geschmeidigen Teig kneten. Den Teig an einem warmen Ort etwa 1 Std. gehen lassen.
- In einem tiefen Topf oder einer Fritteuse das Öl erhitzen. Aus dem Teig 4 runde, flache Fladen formen und nacheinander im Öl ausbacken.
- Schmeckt sehr gut warm mit Ahornsirup oder Zimt-Zucker; oder aber als Beilage zu herzhaften Suppen.
- Der sogenannte „Indian Taco" ist ein Frybread, auf das Salat, Tomatenstücke und warmes Chili con Carne mit geschmolzenem Käse gelegt werden. Frybread entstand erst durch die einseitigen Lebensmittelzuteilungen auf den Reservationen. Heute gilt es als „traditioneller" Bestandteil vieler Feste.

(Quelle: Waldmann & Zerbst 1995: 33)

Seit 1952 findet in der Navajo Nation Reservation, in Arizona, USA, alljährlich der Miss Navajo Nation Contest statt. Es ist wohl einer der härtesten Missen-Wettbewerbe, der den Teilnehmerinnen eine ganze Menge abverlangt. Die Maße 90-60-90 sind hier nicht im Geringsten gefragt oder von Vorteil, dafür müssen die jungen, unverheirateten Frauen, die zwischen 18 und 25 Jahre alt sein und einen High School Abschluss haben müssen, unter anderem Frybread herstellen und auf offenem Feuer backen, sowie ihre Stammessprache beherrschen, um Interviews in Diné geben zu können. Sie werden zu alten und modernen Bräuchen und Traditionen befragt, müssen ein Schaf scheren und die wohl härteste Disziplin, dieses Schaf auch auf traditionelle Art und Weise schlachten. Der Wettbewerb dauert eine ganze Woche lang, während dieser Zeit dürfen die Teilnehmerinnen keinen Kontakt zu ihren Familien oder Freunden haben, keinen Tabak, Drogen oder Alkohol konsumieren und nicht in unangemessener Sprache sprechen. Eines der Ziele dieses Wettbewerbes ist es die Kultur und Traditionen der Navajo zu erhalten, zum anderen ähnelt es einem Volksfest mit Umzug, Märkten und vielen Attraktionen und soll den Menschen einfach Freude bereiten. Die allererste Miss Navajo aus dem Jahre 1952, hieß Beulah Allen. Sie war eine der ersten indigenen Ärztinnen, die eine Ambulanz für medizinische Notfälle aufbaute, welche eine schnelle medizinische Versorgung über das ganze Navajo Reservat leistete.

NAVAJO
DINÉ BI NAALTSOOS

Sonnenblumenbrot

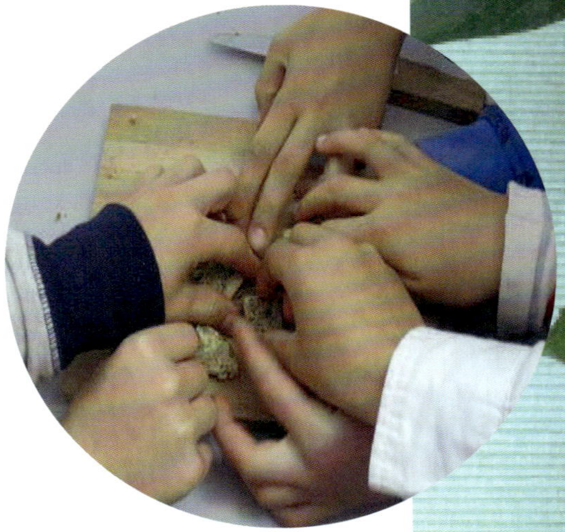

20 g frische Hefe

½ TL Zucker

3 EL Milch

50 g Sonnenblumenkerne, geschält / ganz

150 g Sonnenblumenkerne, geschält / gemahlen

180 g Mehl

2 Eier

1 TL Salz

3 EL Honig

20 g Butter

- Milch etwas anwärmen und mit Hefe und Zucker in einer Schüssel vermischen. An einem warmen Ort zugedeckt 5 Minuten stehen lassen, bis die Hefe Blasen wirft.
- Alle anderen Zutaten hinzugeben und zu einem glatten Teig verarbeiten.
- Den Teig an einem warmen Ort zugedeckt etwa 90 Minuten gehen lassen. Gegen Ende der Gehzeit den Backofen auf etwa 200°C vorheizen. Den Teig zu einem Laib formen und im Backofen etwa 30-40 Minuten backen.
- Tipp: wenn das Brot gegen Ende der Backzeit zu dunkel wird, mit Alufolie abdecken. Sehr beliebt bei Kindern!

(Quelle: Niethammer 1999: 53)

Chili-Cornbread

1 Ei

50 g geschmolzene Butter

250 ml Buttermilch

120 g Maismehl (siehe Bezugsquellen)

150 g Weizenmehl

½ TL Salz

1 TL Zucker

je 1 gestrichener TL Backpulver und Natron

75 g Cheddarkäse, gerieben

2 TL Chiliflocken

- Das Ei in einer Schüssel verrühren, Buttermilch und Butter dazugeben und gut vermischen.
- In einer anderen Schüssel die trockenen Zutaten bis auf den Käse mischen, die Flüssigkeit dazugeben und alles kurz zu einem glatten Teig rühren. Am Schluss den geriebenen Cheddar darunter mischen.
- Den Teig in eine gefettete und mit Maismehl ausgestäubte rechteckige Kuchenform geben und etwa 25 Minuten bei 200°C backen.

Lozen

Manche Frauen der Apachen konnten aus ihrer traditionellen Rolle als Ehefrau und Mutter ausbrechen und Kriegerin werden. Eine dieser Frauen war Lozen, die jüngere Schwester des Chihenne-Anführers Victorio. Etwa um 1840 geboren war sie schon als Mädchen eine gute Reiterin, geschickt mit Schusswaffen, Messer und Lasso und konnte hervorragend Pferde stehlen.

Lozen war auch berühmt für ihre heilenden Fähigkeiten. Sie besaß zudem die Macht, die Lager der Feinde zu entdecken und die Entfernung zu schätzen. Dazu hob sie beide Handflächen nach oben und drehte sich langsam im Kreis. Sie betete leise zu Ussen, der höchsten Gottheit der Apachen. Wenn sie ein feindliches Lager spürte, begannen ihre Hände und Arme zu zittern, und ihre Handflächen röteten sich.

1880 brachen die Chihenne aus dem Reservat von San Carlos aus. Lozen war nicht bei den Chihenne, als im Juni die Apachen bei Tres Castillos von mexikanischen Soldaten überrascht und fast ausgelöscht wurden. Victorio kämpfte bis zur letzten Kugel, bevor er sich mit dem Messer das Leben nahm.

Im Herbst 1881 schloss sich Lozen Juh und Geronimo in der nördlichen Sierra Madre an. Im August 1886 wurden sie und Dah-tes-te als Boten nach Fronteras geschickt, um die Möglichkeiten zur Kapitulation für die rebellischen Apachen auszukundschaften. Die Frauen wurden mit drei mit Vorräten beladenen Pferden zu den Apachen zurückgeschickt – als Zeichen für die Verhandlungsbereitschaft der Weißen. Als die Apachen sich schließlich ergaben, war Lozen nicht auf der Liste der Gefangenen, wie viele Frauen der Gruppe. Dennoch wurde sie mit den anderen zuerst nach Florida, dann Alabama geschickt. Das schlechte Klima bekam den Apachen nicht. Lozen starb am 17. Juni 1889. Irgendwo bei Mount Vernon liegt sie begraben, ihr Grab ist unbekannt.

Süßes Cornbread

140 g (blaues) Maismehl (siehe Bezugsquellen)

125 g Weizenmehl

135 g Zucker

1 TL Backpulver

½ TL Salz

2 Eier

200 ml Buttermilch

115 g geschmolzene Butter

- Den Backofen auf 200°C vorheizen. In einer Rührschüssel Maismehl, Weizenmehl, Zucker, Backpulver und Salz vermischen, in einer zweiten Schüssel die Eier, die Buttermilch und Butter mischen. Beide Mischungen langsam zusammenrühren.
- Den Teig in eine rechteckige Brotform (Backzeit etwa 25-30 Minuten) oder gußeiserne Maiskolbenformen (Backzeit etwa 15-20 Minuten, ergibt 14 Kolben) geben. Das Brot ist fertig, wenn es leicht gebräunt ist. Sehr beliebt bei Kindern!

(Quelle: Frank 2002: 52)

Pumpkin Bread

180 g Weizenmehl

200 g Kürbis

150 g Zucker

120 g geschmolzene Butter

2 Eier, verrührt

1 TL Backpulver

1 TL Zimt

1 TL Muskatnusspulver

½ TL Salz

100 g Pinienkerne, geschält

- Kürbis in Würfel schneiden und in Wasser kochen, abkühlen lassen und pürieren.
- Den Backofen auf 200°C vorheizen. Eine rechteckige Brotform mit Butter auspinseln.
- In einer Rührschüssel Mehl, Kürbispüree, Zucker, Butter, Eier, Backpulver, Muskatnuss und Salz vermischen. Die Pinienkerne hinzugeben.
- Den Teig in die Kastenform geben. Etwa 45 Minuten backen oder eine Zahnstocherprobe machen. Sehr beliebt bei Kindern!

(Quelle: Cox & Jacobs 1991: 169)

The Pueblo Food Experience

Mit der wachsenden Rückbesinnung auf Sprache, religiöse Hintergründe und traditionelles Handwerk wurde in vielen indianischen Gemeinschaften der Wunsch nach einer traditionellen Ernährung laut. Diese war möglicherweise auch ein Weg aus dem Teufelskreis von Übergewicht, Diabetes und Mangelernährung.

Im ariden amerikanischen Südwesten wurden aufgrund der langen landwirtschaftlichen Tradition schon früh Versuche unternommen, altes Saatgut zu bewahren und traditionelle Anbauformen wieder zu praktizieren.

Roxanne Swentzell, Künstlerin aus dem Santa Clara Pueblo in New Mexico, gründete 1987 das Flowering Tree Permaculture Institute. Wenig später begann sie, gemeinsam mit ihrem Sohn und vielen Gleichgesinnten, deren Vorfahren mindestens 20 Generationen im nördlichen New Mexico gelebt hatten, das Pueblo Food Experience. Sie beschlossen, drei Monate lang nur die Nahrungsmittel zu sich zu nehmen, die auch ihre Vorfahren zur Verfügung gehabt hatten, um ihren Körper und ihren Geist zu stärken.

Die Nahrung beinhaltete neben Mais, Kürbis, Bohnen auch Samen wie Sonnenblumenkerne, Chia, Pinienkerne und Amaranth sowie Proteinquellen wie Truthahn, Grashüpfer und Bison. Während des gesamten Zeitraums wurden die Teilnehmer ärztlich überwacht. Der Weg sollte die Teilnehmer auch aus der Abhängigkeit von Fertigprodukten führen.

Die Ergebnisse gaben ihnen recht: Alle, die vorher mit Adipositas zu kämpfen hatten, verloren Gewicht, sie fühlten sich energiegeladener, gesünder und mehr mit dem Land ihrer Vorfahren verbunden. Ein weiteres Ergebnis dieses Projektes ist außerdem das „Pueblo Food Experience Cookbook", in dem der Verlauf des Projekts und zahlreiche einfache aber überzeugende Rezepte dargestellt werden.

Pinienkekse der Navajo

100 g Pinienkerne

50 g Weizenmehl

50 g Maismehl

1 TL Backpulver

80 g Butter

50 g Zucker

1 Eigelb

Mais war in Amerika in vorkolumbischer Zeit eine von Nordargentinien bis Südostkanada verbreitete Getreidepflanze. Der Vorfahre des Mais' ist wahrscheinlich das weitverbreitete wilde Gras *Teosinte*. Zwischen 4.700 und 3.000 v.Chr. wurde in Tehuacán das erste Mal Mais gezüchtet, wo kleine Maiskolben mit 6-9 Körnern pro Reihe gefunden wurden. Gleichzeitig wurden der Mahlstein und Anbauwerkzeuge entwickelt. In 6.000 Jahren entwickelten sich mehrere hundert Sorten Mais in verschiedenen Farben und Größen. Mais war in vielen Gebieten Mexikos und dem nordamerikanischen Südwesten eine wichtige Nahrungsgrundlage. Er ist das ertragreichste Getreide der Welt, denn aus einem Korn entsteht eine Pflanze, die bis zu 1.000 Körner Ernte liefert. Im amerikanischen Südwesten wird der Mais in Büscheln angesät. Die Aussaat, das Wachsen und Ernte werden mit Gebeten begleitet.

- Den Backofen auf 200°C vorheizen. Ein Backblech mit Backpapier vorbereiten.
- 80 g der Pinienkerne ohne Fett in der Pfanne rösten, bis sie goldgelb sind. Anschließend fein zermahlen. Die restlichen Pinienkerne zum Dekorieren beiseitelegen.
- Weizenmehl, Maismehl, gemahlene Pinienkerne, Butter, Zucker und das Eigelb in einer Rührschüssel vermischen und gut kneten.
- Aus dem Teig etwa 30 kleine Kugeln formen und auf dem Backblech flach drücken. Mit den ganzen Pinienkernen garnieren und etwa 25 Minuten im Ofen backen.

(Quelle: Ferretti 2000: 136)

Cota-Tee

1 Bündel frische oder getrocknete Cota-Stängel (siehe Bezugsquellen)

Heißes Wasser

- Cota-Stängel in einen Topf geben
- Mit Wasser übergießen und 5-10 Minuten kochen

Pfefferminz-Tee

1 Bündel frische oder getrocknete Pfefferminzblätter

Heißes oder kaltes Wasser

(Zucker oder Honig nach Belieben)

- Pfefferminzblätterbündel in eine Glaskanne geben
- Mit kaltem Wasser übergießen
- Für mehrere Stunden an die Sonne stellen.

Oder:

- Pfefferminzblätterbündel in eine Kanne geben
- Mit heißem Wasser übergießen. Ca. 5 Minuten ziehen lassen.
- Nach Geschmack Zucker oder Honig zugeben

(Quelle: Swentzell 2016: 76; 77)

Fruchtsaft aus Kaktusfrüchten

5 reife Kaktusfrüchte pro Person

Ca. 100 ml Wasser pro Person

Agavensirup (siehe Bezugsquellen) zum Süßen nach Wunsch

- Die Kaktusfrüchte vorsichtig (mit Handschuhen) schälen und in Würfel schneiden.
- In einer elektrischen Saftpresse zu einem dickflüssigen Saft verarbeiten.
- Auf die Gläser aufteilen, mit Wasser verdünnen und nach Wunsch mit Agavensirup süßen.
- Schmeckt besonders erfrischend eisgekühlt im Sommer.

(Quelle: Swentzell 2016: 78)

Buffalo-Nations – die Plains und Prärien

Das Gebiet der Plains und Prärie beinhaltet zwei verschiedene Lebensräume. Als Prärie wird die östliche Langgrassteppe, als Plains die westliche Kurzgrassteppe bezeichnet. Der Bewuchs und die Vielfalt der Pflanzenwelt nehmen dabei abhängig von der Niederschlagsmenge nach Westen hin langsam ab. Auf der eher trockenen Steppe wachsen wenige Bäume, meist nur Galeriewälder entlang der Flüsse. In historischer Zeit herrschten hier hauptsächlich zwei Ernährungsweisen vor: Feldbau von Mais, Kürbissen und Sonnenblumen in den Flussauen und Jagd auf Wildtiere.

Die großen Steppen entstanden im Zuge der Erwärmung nach dem Zurückweichen der Gletscher. Bereits um 9.000 v.Chr. lebten hier umherstreifende Jäger. Sie jagten Bisons, indem sie kleinere Tierherden in Sacktäler trieben und sie von den Talrändern mit Speeren erbeuteten. Einzelne Tiere konnten getötet werden, indem sich Jäger mit Wolfsfellen verkleideten und sich unerkannt der Herde näherten. Auch errichteten die prähistorischen Jäger Fanggatter aus Holzpfosten und Steinen. Große Herden wurden im Rahmen der Herbstjagden über Klippen getrieben. Erst um 800 n.Chr. begannen die Gruppen auf dem fruchtbaren Steppenboden mit dem Anbau, die Bisonjagd wurde aber nicht aufgegeben.

Um 550 n.Chr. brachten aus dem Nordwesten kommende Gruppen Pfeil und Bogen mit. Obwohl der Bogen den traditionellen Speeren weit überlegen war, wurden die alten Jagdmethoden nicht sofort aufgegeben. Um etwa 800 n.Chr. wanderten Sioux sprechende Gruppen auf die westlichen Plains ein und errichteten am Missouri feste Niederlassungen. Bevor das Pferd eingeführt wurde, lebten die meisten Indianer dieser Region in kuppelförmigen, aus Holz

und Grassoden errichteten Hütten. Sie ernährten sich vom Anbau von Mais, Kürbis, und Sonnenblumen und von der gelegentlichen Jagd auf vorbeiziehende Bisonherden. Dazu zogen Hunde die Schleppen mit den kleineren Zelten.

Die Europäer brachten das Pferd um ca. 1600 in die südlichen Plains. Nach anfänglichem Zögern zähmten die Indianer das neue Tier rasch, ohne allerdings zu züchten. Auch waren die Bisons mit den von den Weißen eingeführten Feuerwaffen leichter zu erlegen. Durch die Pferde konnten die Indianer nicht nur größere Strecken als zuvor zurücklegen, die Zelte, die nun mit Pferden statt mit Hunden transportiert wurden, waren größer, und eine Familie konnte durch ihre Lasttiere mehr Besitz anhäufen. Sie besiedelten nun auch mehr und mehr die baumlosen und trockenen Kurzgrassteppen, die „Plains". Viele Gruppen besaßen nun gewaltige Pferdeherden. Das Pferd war der Inbegriff des Jägers und

Kriegers und diente sowohl als Zahlungsmittel als auch als Geschenk. So gaben viele indianischen Gruppen der Prärien das sesshafte Leben auf und folgten den Bisonherden, wobei sie nun dauerhaft in den Tipis lebten.

Vergleichsweise früh kamen Händler auf die Plains und errichteten Handelsstationen wie Bents Fort, Fort Osage oder Fort Snellins, wo indianische Gruppen für eine Saison oder länger lagerten. Vor allem die Flüsse waren die häufigsten Handelswege, sowohl für Indianer als auch für weiße Händler. Der Handel brachte große gesellschaftliche Veränderungen. Durch die neuen Handelsgüter erlangten die Händler nicht nur das Vertrauen der Indianer. Die neuen Waffen veränderten das Verhältnis der Stämme zueinander und mit dem Pferd änderte sich das Besitzdenken der Gruppen.

Die indianischen Stämme wurden zunehmend abhängig von europäischen Nahrungsmitteln, Waffen, aber vor allem auch

von Munition. Viele Gruppen fremden Jagdgebieten, um die Handelsstationen weiterhin mit Fellen beliefern zu können. Dadurch wurden die Jagdaufgaben zugunsten der Familie vernachlässigt. Die Indianer kauften Vorräte und Fallen auf Kredit und verstrickten sich immer tiefer in Schulden. Der Alkohol tat sein Übriges.

Auf den großen Ebenen waren die Ethnien durch ihre verstreute Lebensweise eine Zeitlang vergleichsweise gut vor den europäischen Krankheiten geschützt. Im Allgemeinen litt die sesshafte Bevölkerung in Dörfern und an Handelswegen unter den Krankheiten mehr. Aber vor allem die Pocken forderten ihren Tribut. Von den 800 Mandan sollen nicht mehr als 41 überlebt haben. Sehr viele infizierte oder gesunde Indianer töteten sich selbst aus Angst vor der Krankheit oder dem entstellenden Tod.

Gerade weil viele feldbautreibenden Ethnien durch die Krankheiten so geschwächt waren, nützten Gruppen wie die Lakota die Gelegenheit, um von Osten her auf die Plains vorzudringen. Die sesshaften Gruppen waren nun von den Bisonjägern umgeben und bedroht.

1803 erstanden die Vereinigten Staaten im "Louisiana Purchase" das große Gebiet des Louisiana-Territoriums. Mit der Gründung zahlreicher Staaten (Mississippi, Alabama, Indiana, Illinois) zwischen 1816 und 1819 ging ein enormer Bevölkerungsanstieg der amerikanischen Weißen einher. Das "Manifest Destiny" des 19. Jahrhunderts, das den Untergang der Indianer und die Herrschaft der Weißen als gottgegeben erklärte, ebnete ideologisch den Weg nach Westen. Ab 1830 siedelte der Präsident der Vereinigten Staaten, Andrew Jackson, zahlreiche Indianergruppen auf der Basis des „Removal-Gesetzes" um. Das Gebiet westlich des Mississippi mit Ausnahme der Staaten Missouri, Louisiana und Arkansas wurden zum „Indianerland" erklärt. Ohne Lizenz durfte kein Weißer dort Handel treiben oder siedeln. Noch bevor dieses Gesetz in Kraft trat, zogen Tausende von Siedlern in den Westen und gründeten die Staaten Wisconcin und Iowa, worauf die „Indianergrenze" weiter verschoben wurde.

Zur Erhaltung der Grenze errichtete man zahlreiche Forts. Die europäische Besiedlung der großen Ebenen schob die indianische Bevölkerung vor sich her und drängte sie in lebensfeindliche Gegenden ab. Mitte des 19. Jahrhunderts hatten die Weißen die Indianer auf den Plains eingekreist.

Viele Gruppen flohen nach Kanada, wohin der Weg noch offen schien. Ein Hauptinstrument der Vertreibung war das sich ständig ausbreitende Eisenbahnnetz, mit dem leichter Soldaten, Siedler und Material transportieren werden konnte. Schließlich schoss man auch die großen Bisonherden von den fahrenden Zügen aus ab, was die Herden erheblich dezimierte und den Indianern ihre Nahrungsgrundlage entzog. Auch wenn die Schlacht am Little Big Horn 1876 den Plainsgruppen etwas Luft verschaffte – mit dem Massaker am Wounded Knee 1890 war der indianische Widerstand auf den Plains endgültig gebrochen.

Viele Reservationen versuchen heute, mit stammeseigenen Projekten und dem Aufbau von touristischen Einrichtungen wie Museen und Hotels der desolaten Situation zu begegnen. Indigene Museen stellen dabei oft die Geschichte der Gruppe von der Vorzeit bis in die Gegenwart aus ihrer eigenen Sicht dar und bilden sowohl Touristen als auch Angehörige des Stammes weiter. Darüber hinaus sind viele Museen kulturelle Zentren, in denen Konzerte, Tänze und Rituale stattfinden können. Nicht zuletzt bieten viele Restaurants oder Cafés in Museen einen Einblick in indianische Speisekarten.

Brunnenkressesuppe

4 Frühlingszwiebeln

1 EL Sonnenblumenöl

50 g Brunnenkresse (oder Gartenkresse) (siehe Bezugsquellen)

800 ml Brühe

Salz & Pfeffer

- Frühlingszwiebeln in Ringe schneiden, Brunnenkresseblätter kurz waschen, trockentupfen, etwas zerkleinern und den harten Stiel entfernen (Gartenkresse kurz waschen, zerkleinern)
- Öl in einem Topf erhitzen, Frühlingszwiebeln leicht glasig andünsten, die Brühe hinzugeben. 3-4 Minuten kochen lassen.
- Brunnenkresse/Gartenkresse hinzufügen, den Topf vom Herd nehmen und die Suppe noch ein paar Minuten ziehen lassen. Mit Salz und Pfeffer abschmecken.

(Quelle: Waldmann & Zerbst 1995: 64)

Bisonsuppe mit Beeren

500 g Bison- oder Rindfleisch, in Würfel geschnitten (siehe Bezugsquellen)

3 EL Speckwürfel

50 g geschnittene Frühlingszwiebeln

100 g Brom- oder Blaubeeren

400 ml Brühe

1 TL Honig oder Ahornsirup (siehe Bezugsquellen)

Salz & Pfeffer

- In einem Topf Speckwürfel anbraten, dann das Fleisch hinzugeben und von allen Seiten bräunen.
- Brühe, Frühlingszwiebeln und Honig/Ahornsirup hinzugeben. Mit Salz und Pfeffer abschmecken und etwa 1 Stunde köcheln lassen.
- Kurz vor Ende der Kochzeit die Beeren hinzugeben.
- Passt gut dazu: Frybread (Seite 36).

(Quelle: Ferretti 2000: 36)

Pilzpfanne

4 Speckstreifen

400 g wilde (oder gezüchtete) Pilze (Steinpilze, Pfifferlinge, Birkenpilze, Champignons, etc.)

2 Frühlingszwiebeln

Salz & Pfeffer

- Speckstreifen in einer Pfanne anbraten, aus der Pfanne nehmen, abkühlen lassen und in kleine Stücke schneiden
- Pilze abbürsten, falls nötig, vorsichtig waschen und abtupfen. Größere Pilze halbieren. Die Frühlingszwiebeln in Stücke schneiden.
- Speckstücke in der Pfanne erhitzen, Pilze und Frühlingszwiebeln hinzugeben und 1-2 Minuten braten, bis die Zutaten gerade weich sind. Mit Salz und Pfeffer würzen.

(Quelle: Cox & Jacobs 1991: 104).

Wilde Pilze waren auf den regenarmen Plains eine Seltenheit. Wuchsen im Herbst die Pilze in den Flussauen, so war es die Aufgabe der Frauen und Kinder, die essbaren zu sammeln und als besondere Delikatesse zuzubereiten. Wie auch Fleisch oder Beeren wurden Pilze für den Wintervorrat getrocknet.

Doch Pilze wurden nicht nur für Nahrung verwendet. Ein besonderer Pilz aus der Gattung der Champignons, *Haploporus odorus*, wächst an Weidenbäumen und verströmt einen anis-ähnlichen Geruch. Für viele indianische Gruppen auf den Plains war dieser Pilz heilig und wurde zu medizinischen Zwecken eingesetzt: er stoppte äußerlich angewendet Blutungen, half als Aufguss gegen Durchfall und wurde zusammen mit einem anderen Pilz gegen Husten eingesetzt. Bei bestimmten heiligen Handlungen wurde er verbrannt, und manche religiösen Spezialisten trugen bemalte Stücke des Fruchtkörpers als Kette.

Gemüseauflauf der Pawnee

1 Zwiebel

1 Knoblauchzehe

1 rote Paprika

1 Chili

250 g Tomaten

500 g Zucchini

100 g Maiskörner

100 g geriebenen Käse

4 EL Maisöl

1 TL Oregano

Salz & Pfeffer

- Zwiebel und Knoblauch schälen und fein hacken, die Chili und Paprika waschen, halbieren, entkernen und würfeln.
- Die Tomaten 5 Minuten in kochendem Wasser ziehen lassen, abkühlen lassen, häuten und in Würfel schneiden. Die Zucchini waschen und in Würfel schneiden.
- In einer Pfanne Maisöl mit dem Oregano erhitzen, Zwiebel und Knoblauch darin glasig dünsten. Paprika und Chili hinzugeben und unter Rühren mitbraten Zuletzt die Zucchini und die Maiskörner hinzugeben, und köcheln, bis die Zucchini bissfest ist. Salzen und pfeffern.
- Das Gemüse in eine Auflaufform füllen und mit dem geriebenen Käse bei 180°C etwa 15 Minuten überbacken.

(Quelle: Ferretti 2000: 95)

Das Tipi

Zweifellos ist das Tipi die genialste Erfindung nomadischer Zeltbau-Architektur und verweist auch auf die große Bedeutung des Bisons für die Plainskulturen. Für den Bau eines Jagdtipis benötigte man 14 Bisonhäute. Die Aufbereitung, vor allem die Enthaarung und das Gerben mit Bisonhirn bedeutete viel anstrengende Arbeit. Dies änderte sich erst gegen Ende des 18. Jh., als industriell gefertigte Zeltplanen aus Baumwoll-Planenstoff, gleichzeitig mit der beginnenden Abschlachtung der riesigen Herden, in den Handel kamen. Die eigentliche Herstellung war früher Gemeinschaftsarbeit, geleitet von erfahrenen, älteren Frauen. Zelt und Hausrat war bei allen Bisonjagenden Stämmen Frauenbesitz, Auf- und Abbau Frauen- und Kindersache. Durch historische Berichte wissen wir, dass Zeltlager von mehreren 100 Tipis innerhalb einer Viertelstunde marschbereit sein konnten.

Das Tipi ist neben der Jurte das einzige Zelt, in dem offenes Feuer möglich ist. Der Rauchabzug wird durch zwei Außenstangen sichergestellt, mit denen die Rauchklappen der jeweiligen Wind- und Wettersituation angepasst werden können. Die Belüftung des Inneren wird durch das sogenannte Taukleid oder Innenzelt sichergestellt. Als Nässeschutz wird der Ozan, ein Zelthimmel eingebaut. Das wertvollste an einem Tipi ist der Stangensatz. Für ein Jagdtipi benötigte man 17 Stangen, 15 im Innen- und zwei im Außenbereich. Um einen solchen Stangensatz verschiedener Kiefernarten zu beschaffen, mussten auf den baumlosen Prärien oft hunderte von Kilometern zurückgelegt werden. Buschstreifen an den Flüssen wurden in strengen Wintern dazu genutzt, die Tipis windgeschützt zu stellen. In den heißen Sommermonaten rollte man die Plane für eine bessere Belüftung hoch und benutzte den oberen Teil der Plane als Schattendach.

Forelle der Ponca

4 Forellen (je etwa 250g)

50 g Mehl

4 EL Butter

50 g Sauerrahm

Salz

1 EL getrockneter Salbei

- Die Forellen unter fließendem Wasser abspülen, trockentupfen, beidseitig salzen und mit Mehl bestäuben.
- Für jede Forelle in der Pfanne 1 EL Butter zerlassen und die Fische bei geringer Hitze ca. 8 Minuten jede Seite braten.
- Die fertigen Forellen in Alufolie wickeln und im Ofen warm halten.
- Den Sauerrahm, den zerriebenen Salbei und etwas Salz in die Pfanne einrühren und leicht erhitzen. Zum Servieren die Sauce über die Fische geben.

(Quelle: Waldmann & Zerbst 1995: 71)

(Prärie)Hühnchen im Ofen

1 großes Huhn, ausgenommen

150 g geschnittener Knollensellerie

150 g geschnittene Frühlingszwiebeln

3-4 TL geschnittener Salbei, frisch oder getrocknet

6 TL Honig oder Ahornsirup (siehe Bezugsquellen)

4 Süßkartoffeln

1 EL geschälte Sonnenblumenkerne

Salz & Pfeffer

- Den Ofen auf 200°C vorheizen. Das Huhn salzen und pfeffern. Eine Auflaufform bereitstellen.
- Sellerie, Zwiebeln und Salbei vermischen. Huhn mit der Mischung füllen und in die Auflaufform legen. Das Huhn mit Honig oder Ahornsirup bestreichen und in den Ofen schieben.
- Huhn gelegentlich umdrehen, mit einer Gabel einstechen und mit Bratensaft und Honig oder Ahornsirup bestreichen. Etwa 20 Minuten pro Pfund backen, gegen Ende der Backzeit mit Alufolie abdecken.
- Etwa 45 Minuten vor Ende der Backzeit Süßkartoffeln in Alufolie wickeln und zu dem Huhn in den Ofen geben. Die fertigen Kartoffeln längs einschneiden, etwas Honig oder Ahornsirup hinein träufeln und Sonnenblumenkerne darüber streuen.

(Quelle: Cox & Jacobs 1991: 123)

Geschmortes Bisonfleisch mit Gemüse

300 g Bisongulasch (siehe Bezugsquellen)

1 EL Sonnenblumenöl

1 Zwiebel

1 Knoblauchzehe

Je ½ rote, grüne und gelbe Paprika

1 kleine Zucchini oder 200 g Kürbis

1 EL Getrockneter Salbei

Salz & Pfeffer

- Zwiebel und Knoblauch kleinschneiden, Bisongulasch in einer Pfanne mit Öl 5 Minuten anbraten, warm halten.
- Paprika und Zucchini/Kürbis in Würfel schneiden, Backofen auf 180°C vorheizen.
- In einer tiefen Auflaufform mit Deckel Gemüse und Fleisch mit dem Bratensaft vermischen, mit Salbei, Salz und Pfeffer würzen.
- Auflaufform mit Deckel in den vorgeheizten Backofen stellen und ca. 30 Minuten backen lassen, bis das Gemüse weich ist.

(Quelle: Lakota Express 2001: 14)

Bei einer Klippentreibjagd auf Bisons wurde mehr Nahrung erbeutet als bei jeder anderen menschlichen Jagdmethode weltweit. Die Siksika der nördlichen Plains waren Experten dafür. Die Klippen wurden in der Nähe eines beliebten Weidegrundes gewählt. Für die kurzsichtigen Bisons ist ein Steilhang erst im letzten Augenblick zu entdecken, da das Gras oberhalb der Klippe perfekt mit dem Hintergrund der Prärie verschmilzt. Viele Klippen weisen nach Osten, und da man eine Treibjagd oft am frühen Morgen durchführte, blendete die aufgehende Sonne die Tiere zusätzlich.

Wenn eine Herde von vielleicht ein- oder zweihundert Tieren an der richtigen Stelle entdeckt worden und alle Vorbereitungen getroffen waren, begann man vorsichtig mit der Treibjagd. Steinhaufen waren zu trichterförmigen Wegen in Richtung der Klippen aufgeschichtet worden, Frauen und Kinder stellten sich an den Seiten des Weges auf, und nun setzten die Jäger die Bisons langsam in Bewegung. Die Tiere gerieten zwischen die beiden „Wände" aus Steinhaufen, und dann führte der Weg unmittelbar auf die Klippen zu. Erst im letzten Moment wurden die Tiere schneller getrieben, damit sie knapp vor der Klippe ihre höchste Geschwindigkeit erreichten. Jetzt halfen auch die Frauen und Kinder an den Seiten des Weges mit, indem sie aufsprangen, schrien und Bisondecken schwangen. Die gesamte Herde geriet in Panik, stürmte los und stürzte in die Tiefe. Nach der Treibjagd wurde sofort mit dem Schlachten begonnen, die Tiere wurden gehäutet, zerteilt, und nur das mitgenommen, was man brauchen konnte. Alles andere ließ man für die Aasfresser liegen.

Bisonrippen mit Wojape

1 kg Bisonrippen (siehe Bezugsquellen)

1 EL zerriebene Wacholderbeeren

1 TL gemahlener Salbei

1 EL Salz

250 ml Wasser

250 g Beerenmischung

100 ml Wasser

Honig oder Ahornsirup zum Süßen (siehe Bezugsquellen)

- Backofen auf 120°C vorheizen. Zerriebene Wacholderbeeren, Salbei und Salz in einer Schüssel vermischen und Bisonrippen damit von allen Seiten einreiben. Rippen in einer Pfanne oder auf dem Grill von allen Seiten etwa 2-3 Minuten knusprig anbraten.
- 250 ml Wasser in ein tiefes Backblech gießen, Bisonrippen gut mit Aluminiumfolie umwickeln und mit der Knochenseite nach unten auf einen Ofenrost legen, darunter das tiefe Backblech schieben. 2 Stunden im Ofen backen.
- Für die Wojape-Sauce Beeren und Wasser in einen Topf geben und zum Kochen bringen. Die Hitze reduzieren und köcheln lassen, bis die Mischung eindickt, ca. 30 Minuten. Sauce durch ein Sieb giessen und auf Wunsch mit Honig oder Ahornsirup süßen.
- Nach 2 Std. die Rippen wenden und für weitere 45-60 Minuten backen lassen, bis das Fleisch zart ist. Aus dem Ofen nehmen, ¼ der Kochflüssigkeit der Rippen mit der Hälfte der Wojape vermischen. Rippen mit der Sauce einpinseln und 3-5 Minuten in einer Pfanne oder auf dem Grill bräunen. Restliche Wojape dazu servieren.

(Quelle: Sherman & Dooley 2017: 118)

Gefüllter Kürbis der Hidatsa

1 Hokkaido-Kürbis (ca. 2 kg)

½ TL Senf

1-2 EL Maisöl

200 g Bisonhackfleisch (siehe Bezugsquellen)

1 Frühlingszwiebel, geschnitten

75 g Wildreis, gekocht (siehe Bezugsquellen)

1 Ei vermischt

1 TL getrocknete, zerriebene Salbeiblätter

Salz & Pfeffer

- Den Backofen auf 200°C vorheizen. Vom Kürbis einen Deckel abschneiden und mit einem Löffel Kerne und Fasern im Inneren heraus schaben.
- Die Innenwände des Kürbis' mit Senf einreiben.
- Das Öl in einer Pfanne erhitzen, das Hackfleisch und die Zwiebel anbraten. Die Pfanne vom Herd nehmen.
- Wildreis, das Ei, Salbei, Salz und Pfeffer unter das Fleisch mischen. Den Kürbis mit der Mischung füllen, den Deckel auf die Füllung setzen.
- In eine tiefe Auflaufform etwa 4 cm Wasser einfüllen, Kürbis in die Auflaufform setzen und 45-60 Minuten backen lassen, oder bis er weich ist.
- Beim Servieren den Kürbis in Viertel schneiden, sodass jede Person Kürbis und Füllung erhält.

(Quelle: Cox & Jacobs 1991: 113)

Indianerklischee in der Werbung

Seit Anfang der Eroberungsgeschichte des amerikanischen Kontinents haben sich die Europäer ein ideologisch geprägtes, eigenes Bild von den Ureinwohnern gemacht, das bis auf den heutigen Tag nie mit der Wirklichkeit übereinstimmt. Auf mannigfaltige Art trifft das auch auf die Nahrung der Indigenen zu. Allein schon für die Bereicherung unseres Speiseplans musste also die „Rothaut" als fantasievolle Etikette bei der Vermarktung von roten Indianerbohnen, roten Apfelsorten, Tomatenketchup und für Zitrusfrüchte aller Art herhalten. Noch heute werden viele Orangen in Orangenpapiere mit Indianersujet mit großem Federschmuck verpackt. Ein Indianer trägt natürlich die Federnhaube, reitet den Mustang und macht Jagd auf den Bison. Selbstverständlich musste auch eine schöne Indianerin auf dem Emaille-Blechschild helfen das MAZOLA-Maiskeimöl zu vermarkten.

In Europa hat sich das Sammelbild, erfunden 1840 vom Deutschen Franz Stollwerk, in vielfältiger Form als Top-Favorit für die Verbreitung der fantasievollsten Klischees herausgestellt! Abgegeben zu Seifenflocken, Zigaretten, Tabak, Schokolade, Kaugummi oder Fleischextrakt weckten diese Bilder das Sammelfieber. Als Justus von Liebig den Fleischextrakt durch Eindampfen von Rindfleisch erfand, gab er dazu 1875 in Paris Sammelbilder ab. Es handelte sich um hochwertige Chromolithografie-Farbdrucke, eine Technik, die es erstmals erlaubte, Farbbilder in unbegrenzt hohen Stückzahlen zu drucken. 1890 begann das systematische Sammeln in eigens dafür vorgesehenen Alben. Oftmals war das Sammelbild erfolgreicher als das Produkt selbst. In erster Linie ging es am Anfang darum, die Neugier des Publikums nach dem Exotischen, dem Fremden zu bedienen. Wahrheits- und Informationsgehalt blieben meist weit hinter der Realität zurück.

Pemmikan

200 g Trockenfleisch

100 g getrocknete Beeren (Cranberries, etc.) (siehe Bezugsquellen)

2-3 TL neutrales Fett (z.B. Kokosfett)

- Trockenfleisch in feine Fasern zerkleinern, Beeren kleinschneiden und das Fett schmelzen.
- Alle Zutaten in eine Rührschüssel geben und gut vermischen.
- Aus der Mischung kleine Bällchen formen und bis zum Servieren kühl stellen.

Für viele Jäger- und Sammler-Gesellschaften war das Fett der Tiere eines der wichtigsten Nahrungsmittel. In einer kalten Umgebung und bei hoher körperlicher Beanspruchung führt die Ernährung mit magerem Fleisch zum sogenannten „Kaninchenhunger", benannt nach dem Phänomen, wenn sich Menschen hauptsächlich von magerem Kaninchenfleisch ernähren mussten. Nach einer Woche zeigten die Betroffenen Durchfall, Kopfschmerzen, Unwohlsein und ein nicht zu stillendes Hungergefühl, selbst nach dem Essen. Die indianischen Gruppen beugten dieser Mangelernährung vor, indem in Pemmikan bis zu 50% Fett enthalten ist. Zusammen mit dem Protein des Fleisches und den Vitaminen der Beeren konnte es Menschen eine lange Zeit ernähren. Bei vielen Plainsstämmen wurde Pemmikan in Rohhauttaschen (Parfleche) aufbewahrt. Eine mit Pemmikan gefüllte Rohhauttasche war ein beliebtes Geschenk.

(Quelle: Cox & Jacobs 1991: 118)

Maiskuchen mit Kirschen

2 Eier

3 EL Milch

150 g Weizenmehl

150 g Maismehl (siehe Bezugsquellen)

2 TL Backpulver

60 g weiche Butter

3 EL Honig

350 g Kirschen

Butter für die Kuchenform

- Backofen auf 180°C vorheizen.
- Eier, Milch, Butter und Honig in einer Schüssel verrühren, Weizen- und Maismehl sowie Backpulver dazugeben und gut vermischen.
- Kirschen waschen, entsteinen und vorsichtig unter den Teig heben.
- Eine Kuchenform mit Butter ausfetten, den Teig in die Form geben und im vorgeheizten Backofen ca. 30 Minuten backen lassen.

(Quelle: Ferretti 2000: 131)

The Sioux Chef

Der heutige Profi-Koch Sean Sherman wuchs in den 1970er Jahren auf der Pine Ridge Reservation auf, wo er sich mit seiner Familie nicht nur von den amerikanischen, sondern vor allem von den traditionellen Nahrungsmitteln ernährte. Nach einer Ausbildung als Koch begann er sich für die ursprüngliche indianische Ernährung zu interessieren und gründete schließlich das Projekt „The Sioux Chef". Dabei kochte er nicht nur, sondern hielt Vorträge und verband Ernährung mit Musik und oraler Tradition.

2017 veröffentlichte er eine reichhaltige Zusammenstellung seiner Rezepte: „The Sioux Chef Indigenous Kitchen". Darin wird indianische Ernährung ohne europäische Zutaten vermittelt. Es gibt Bisonfleisch, Hirsch, Kaninchen oder Gänse, zusammen mit essbaren Wildpflanzen, Beeren und Pilzen, Eiern und Wildreis. Kein Weizenmehl, keine Milch und keine Milch-Produkte, dafür Amarant und Sonnenblumenkerne, Fische, Mais und Kürbis, Bohnen und Cranberries. Kräuter und Gewürze runden den Einblick ab.

Dabei orientieren sich die Kapitel daran, woher die Hauptzutaten stammen: aus dem Garten, von der Prärie und den Seen, etc. Zu vielen Nahrungsmitteln und Zubereitungsmethoden gibt es informative bebilderte Kapitel. Im letzten Teil des Buches hat Sean Sherman andere indigene Starköche eingeladen, ihre Geschichten und Rezepte sowie stimmungsvolle Menüs für bestimmte Jahreszeiten zu teilen.

Die Rezepte sind auch für den europäischen Markt geeignet und einfach nach zu kochen. Mittlerweile sind Wildreis, Süßkartoffeln oder Amarant in größeren Supermärkten zu bekommen. Auf der Internetseite des Kochs finden sich außerdem viele weiterführende Informationen: https://siouxchef.com

Erntekekse der Lakota

100 g Wildreis-, Eichel- oder Weizenmehl (siehe Bezugsquellen)

100 g Maismehl (siehe Bezugsquellen)

50 g Sonnenblumenkerne

50 g Ahornsirup oder Honig (siehe Bezugsquellen)

2 Prisen Salz

2 EL Sonnenblumen- oder Walnussöl

50 g getrocknete Cranberries / gekochten Wildreis / gehackte Sonnenblumenkerne (siehe Bezugsquellen)

- Den Backofen auf 180°C vorheizen. Die verschiedenen Mehlsorten in einer großen Schüssel vermischen.
- Sonnenblumenkerne in einem Mixer kleinhacken, in einer Schüssel mit der Hälfte des Ahornsirups und 1 Prise Salz vermischen. Zum Mehl geben.
- Restlichen Ahornsirup, Salz und Öl hinzufügen, zu einem steifen Teig verarbeiten. Cranberries, Wildreis oder Sonnenblumenkerne hinzugeben.
- Kleine Bällchen formen, auf einem mit Backpapier belegten Blech flachdrücken und ca. 8-10 Minuten backen.

(Quelle: Sherman & Dooley 2017: 136)

Zedern-Tee

50 g frische Zweige „Abendländischer Lebensbaum" (*Thuja Occidentalis)*
(siehe Bezugsquellen)
500 ml Wasser
Ahornsirup / Honig nach Bedarf (siehe Bezugsquellen)

- Wasser zum Kochen bringen.
- Die Zweige (in einem Teesieb) in das kochende Wasser geben und ca. 10 Minuten kochen lassen, bis das Wasser sich golden färbt.
- Zweige entfernen und auf Wunsch mit Ahornsirup oder Honig süßen.

<u>Für dieses Rezept sind ausschließlich Pflanzenteile des Abendländischen Lebensbaums *Thuja Occidentalis* zu verwenden!</u>

Thuja Occidentalis enthält sehr viel Vitamin C, und man geht davon aus, dass sie die Expedition von Jacques Cartier im Winter 1535/36 vor Skorbut rettete. Der Genuss des Tees über längere Zeiträume wird nicht empfohlen, ebenso nicht in der Schwangerschaft.

(Quelle: Shermann & Dooley 2017: 161)

Chokecherry-Tee

50 g getrocknete Beeren, Blätter und Rinde der Chokecherry (*Prunus virginiana L.*) (siehe Bezugsquellen)
500 ml Wasser
Ahornsirup/Honig nach Bedarf (siehe Bezugsquellen)

- Wasser zum Kochen bringen
- Getrocknete Beeren, Rinde und Blätter (in einem engmaschigen Teesieb) in das Wasser geben und ziehen lassen, bis das Wasser eine rotbraune Färbung annimmt.
- Auf Wunsch mit Ahornsirup oder Honig süßen.

Für dieses Rezept sind ausschließlich Pflanzenteile der nordamerikanischen *Prunus virginiana L.* zu verwenden!
Die nordamerikanische Chokecherry (*Prunus virginiana L.*) ist mit der europäischen Gewöhnlichen Traubenkirsche (*Prunus padus L.)* verwandt. Im Gegensatz zur amerikanischen Form enthalten verschiedene Formen der europäischen Traubenkirsche Giftstoffe, die den Verzehr von Blättern, Rinde und Steinen der Früchte für Menschen und Tiere hochriskant machen.

Das Gebiet der **Subarktis** grenzt an den südlichen Teil der Arktis und umfasst, mit Ausnahme der Küstenregionen, fast das gesamte heutige Kanada und den überwiegenden Teil Alaskas. Im Norden besteht die Landschaft aus Tundra, im Süden schließen sich große zusammenhängende Waldgebiete mit unzähligen Flüssen und Seen an. Die langen Winter sind schneereich und extrem kalt, die kurzen Sommer warm und feucht. Das Gebiet wurde zu historischer Zeit von verschiedenen kleineren Sprachgruppen, den Algonkin im Osten und den Athapasken im Westen bewohnt. In den Wäldern und Tundren Alaskas und Kanadas lebten u.a. die Cree, die Anishinabe, die Kutchin, Montagnais und die Naskapi.

Das Leben der Menschen war abhängig von den Tieren und dessen Wanderbewegungen. Gejagt wurden hauptsächlich Elche, Karibus, Hirsche, Moschusochsen, Waldbisons und Kleinwild. Jagdwaffen waren Pfeil und Bogen oder man trieb die Tiere in trichterförmig zulaufende Gatter. Pelztiere und Kleinwild wie Biber, Füchse und Otter wurden in Fallen und Netzen gefangen. In den Seen und Flüssen sowie an der Küste konnten zahlreiche Fische mit Angeln, Speeren und Netzen - oftmals vom Kanu aus - und Fischwehren gefangen werden. Außerdem wurden Wasservögel geschossen und ihre Eier gesammelt. An pflanzlicher Nahrung wurden Ahornsirup, Beeren, Wildreis und Wurzeln gesammelt. Baumrinde verwendete man zur Herstellung von Kanus und Gefäßen und zur Bedeckung der Hütten. Die Kleidung bestand aus Lederhemden und Beinkleidern, die zusammen mit den Mokassins aus Hirschleder hergestellt waren. Die Kleidungsstücke zeigten eine große Vielfalt an dekorativen Techniken wie florale und geometrische Muster aus buntge-

färbten Stachelschweinsborsten. Dazu gehörten auch Arbeiten mit gefärbtem Elchhaar, später Glasperlen oder Seidenbänder. Flüsse und Seen dienten als Verkehrswege, die mit Birkenrindenkanus befahren wurden. Rahmenschneeschuhe ermöglichten die Jagd selbst bei hohem Schnee, denn gegenüber größeren Tieren, die im Schnee versinken, war der Jäger auf seinen Schneeschuhen im Vorteil. Bei Transporten über Land trugen Hunde die Lasten oder zogen sie auf Holzschlitten. Da häufig die Wohnplätze gewechselt wurden, errichtete man konische Stangenzelte und kuppelförmige Hütten (Wigwams) aus Holzstämmen, die mit Rinde, Fellen oder geflochtenen Matten bedeckt wurden. Beutel und Behälter wurden aus Fell bzw. Birkenrinde hergestellt, Löffel und Schüsseln aus Holz geschnitzt. Dort, wo die Indianer gediegenes Kupfer fanden, fertigten sie durch kaltes Hämmern Messer, Beilklingen und Pfeilspitzen an. Eine kleine Einheit aus mehreren

Großfamilien bildete eine unabhängige Jagdgesellschaft, die keine übergeordneten politischen Strukturen wie zum Beispiel Stammeshäuptlinge besaßen. Der Führer einer Gruppe war meist der erfolgreichste Jäger. Durch die Abhängigkeit vom Jagdwild glaubte man, dass bestimmte Tiergruppen von einem „Herrn der Tiere" losgeschickt oder zurückgehalten wurden – je nachdem, ob die Menschen die vorgeschriebenen Jagdrituale eingehalten oder gebrochen hatten. Die Schamanen besaßen besonders mächtige Schutzgeister, die sie zum Heilen von Krankheiten einsetzen konnten. Bei den Algonkin war der Glaube an eine allumfassende Macht verbreitet, die "Manitu" genannt wurde. Diese Macht lebte in allem und in allen.

Die Geschichte der Subarktis ist seit dem Eintreffen der ersten Europäer vom Pelzhandel geprägt. Franzosen und Engländer gründeten am Sankt-Lorenz-Strom und rund um die Hudson's Bay Handelsniederlassun-

gen, von denen aus die Pelzjäger auf den Flüssen tief ins Landesinnere vordrangen. Aus der Verbindung von französischen Trappern mit indianischen Frauen ging in verschiedenen Gebieten eine Mischbevölkerung hervor, die sich als "Metis" bezeichnet. Aber auch viele Indianer wurden Fallensteller, um an die begehrten europäischen Handelswaren heranzukommen. Die europäischen Kolonialmächte stritten sich untereinander um die Vorherrschaft im Pelzhandelsgeschäft. Die 1670 gegründete Hudson's Bay Company konnte ihren Einfluss immer weiter ausdehnen und kontrollierte ab 1821 den Pelzhandel in der gesamten Subarktis. Nach den Pelzhändlern kamen die Missionare; die Folge davon war meist eine Vermischung von christlichen und traditionellen Glaubensformen.

Die entscheidenden Veränderungen brachte Ende des 19. Jh. die Ausbeutung von Bodenschätzen in der Subarktis. Die von der kanadischen Regierung erlassenen Gesetze schlossen die Ureinwohner vom Grundbesitz aus und beschnitten ihre Jagdrechte. Daher ist die Frage nach Besitz und Kontrolle von Land und Bodenschätzen noch immer der häufigste Konfliktstoff zwischen Indianern und Kanadiern. Die meisten Bewohner der Subarktis leben heute in kleinen festen Siedlungen, die mit moderner Technik ausgestattet sind. Ihr Einkommen beziehen sie teilweise aus Lohnarbeit, daneben spielen aber Jagd und Fischfang noch eine große Rolle. Ihre Identität als Indianer kommt in den überlieferten Wertvorstellungen zum Ausdruck, die auch heute noch das Wohl der Gemeinschaft über den europäischen Individualismus stellen. Ein weiteres wichtiges ethnisches Merkmal ist ihr Festhalten an traditionellen Formen und Stilen in Kunst und Kunsthandwerk, mit denen sie sich von anderen Regionen abgrenzen.

Die **Waldland**kulturen umfassen das stark bewaldete Gebiet um die großen Seen und die Atlantikküste bis Neufundland im Norden. Während das Klima an der kanadischen Grenze und dem nördlichen Abschnitt der Küste sehr kühl und maritim ist, wird es nach Süden hin wärmer und subtropischer. Der ganze Küstenabschnitt ist durchwegs feucht, im Landesinneren nimmt die Feuchtigkeit langsam ab.

Im nördlichen Waldland lebten in historischer Zeit Völker der Algonkin- und Irokesen-Sprachgruppe. In den Langhäusern aus Holz wohnten mehreren Familien; ihre Wohnbereiche waren durch Matten und Vorhänge abgetrennt. Die Familien waren größtenteils über die Verwandtschaftslinie der Mutter definiert. Auch hatten Frauen einen relativ hohen Einfluss auf Entscheidungen. In der Gegend des heutigen Neu-England siedelten Gruppen mit starker gesellschaftlicher Schichtung, also Adelsfamilien und Häuptlinge, in befestigten Dorfgemeinschaften.

Die Indianer lebten vom Anbau von Mais, Bohnen und Kürbis sowie von der Jagd. Außerhalb der Dörfer lagen die Felder, die in weiblicher Linie weitervererbt wurden. Die Feldfrüchte Kürbis, Mais und Bohnen wurden als die „Drei Schwestern" bezeichnet, da sie auf dem Feld so gut harmonierten. Dabei können die Bohnenpflanzen an dem starken Maisstängel hinaufwachsen, der Kürbis schützt mit seinen großen Blättern den Boden vor dem Austrocknen, und alle drei Pflanzen benötigen unterschiedliche Mineralien aus dem Boden. Die regelmäßigen Ernten bildeten für viele Gruppen eine wichtige Nahrungsgrundlage, da die drei Pflanzen zusammen gekocht nahezu alle Nährstoffe abdecken. An der Küste versorgte das Meer die Bewohner mit Fischen, und die Wälder boten eine Vielzahl an Wild, Nüssen, Pilzen und Früchten.

Aus Maisstroh wurden sowohl Schuhe als auch Gesichtsmasken gefertigt. Aus Muscheln stellten die Indianer Perlen her, die zu Wampumgürteln verwebt wurden, die als inhaltliche Gedächtnisstütze zu Friedensverträgen oder als Geschenk übergeben wurden. Die Gruppen wurden sehr früh mit den europäischen Siedlern, ihren Handelsgütern und Krankheiten konfrontiert.

Bei einigen dieser Völker hatte Kriegsführung durchaus einen hohen Stellenwert: Die Irokesen und Huronen bildeten Kriegsbünde und bekämpften ihre Nachbarn heftig. Die Bedeutung des Krieges nahm zu, wenn die Gruppen gezwungen waren, sich gegen in ihr Gebiet eindringende Stämme zu verteidigen. Die Kriegsführung war im Allgemeinen defensiv, sie konnte unter besonderen Umständen aber auch offensive Züge annehmen. In vielen Fällen hatten die Frauen das Recht, aus den gefangenen Kindern, Frauen oder Kriegern auszuwählen und adoptierten diese in ihre Familie. Damit

wurde der Verlust durch den Tod eines Familienmitglieds ausgeglichen. Bisweilen regten die Frauen auch einen Kriegszug an, um eben diese Verluste zu ersetzen. Nach einer Phase heftiger Kriege schlossen sich in prähistorischer Zeit die Mohawk, Seneca, Oneida, Cayusa, Tuscarora und Onondaga zur Irokesenkonföderation zusammen. Der Rat der Irokesenliga bestand dabei aus 50 gewählten Häuptlingen, die wichtige Entscheidungen im Konsens fällten. Diese politische Organisation wird oft als Vorbild für moderne Staaten gesehen.

Durch das Eindringen der Europäer an der Ostküste starben viele Gruppen des nordöstlichen Waldlands an Krankheiten und durch die kriegerischen Handlungen aus. Sichtbar wird dies auch durch eine deutliche Abwesenheit von Reservaten in diesem Gebiet. Mitglieder der Mohawk leben heute in einem Gebiet im südöstlichen Ontario, andere wie die Oneida im Bundesstaat New York.

Drei Schwestern Salat

2 TL Maisöl

2 Zucchini, in Würfel geschnitten

2 gelbe Sommerkürbisse, in Würfel geschnitten

2 Maiskolben, gekocht

2 rote Tomaten

100 g rote gekochte Bohnen

6 EL Apfelessig

50 ml Honig

150 ml Maisöl

Salz, Pfeffer & Schnittlauchröllchen (nach Wunsch)

- Beide Maiskolben, Zucchini und Kürbis mit Maisöl in der Pfanne anrösten, mit Salz und Pfeffer würzen, abkühlen lassen und die Maiskörner mit einem scharfen Messer abschneiden.
- Maiskörner, Zucchini und Kürbis in eine Salatschüssel geben, Tomaten in Stücke schneiden und mit den Bohnen hinzugeben.
- Essig, Honig und Öl vermischen, mit Salz und Pfeffer abschmecken. Über den Salat geben, vermischen und nach Wunsch mit Schnittlauchröllchen garnieren.
- Dieser Salat eignet sich gut für Schulprojekte, da er leicht vorzubereiten oder mit einer Klasse zu kochen ist.

(Quelle: Hetzler 2010: 35)

Wildreissalat

200 g Wildreis (siehe Bezugsquellen)
600 ml Brühe
1 Karotte, in feine Stifte geschnitten
3 TL getrocknete Cranberries (siehe Bezugsquellen)
1 große Tomate
2 Frühlingszwiebeln, fein geschnitten
20 g geröstete Pinienkerne
20 g geröstete Kürbiskerne
50 g Brunnenkresse (siehe Bezugsquellen) oder Rucola
6 TL Apfelessig
50 ml Ahornsirup (siehe Bezugsquellen)
50 ml Maisöl
Salz & Pfeffer

- Den Wildreis mit der Brühe in einem Topf etwa 30 Minuten kochen, dann abkühlen lassen.
- Den Wildreis, die Karottenstifte, die getrockneten Cranberries, die geschnittene Tomate, Frühlingszwiebeln, sowie Pinien- und Kürbiskerne in einer großen Salatschüssel mischen.
- Essig, Öl und Ahornsirup mischen. Über den Salat geben und mit Salz und Pfeffer würzen. Mindestens 1 Stunde im Kühlschrank ziehen lassen.
- Zum Servieren auf jeden Salatteller etwas Brunnenkresse oder Rucola legen und Wildreissalat darauf geben.

(Quelle: Hetzler 2010: 51)

Der Wildreis oder Wasserreis (*Zizania aquatica* und *Zizania palustris*) wächst in Kanada und dem Norden der USA von der Pazifikküste bis zu den Großen Seen im Uferbereich von Gewässern. Die einzelnen Pflanzen werden bis zu drei Meter hoch. Die zu erntenden Körner sind zunächst grün und werden bei der Trocknung dunkelbraun bis schwarz. Er gilt in Amerika und Europa aufgrund seines nussartigen Geschmacks als Delikatesse. Der Wildreis spielt in der Ernährung der Anishnabe und auch anderer indianischer Gruppen eine entscheidende Rolle. Auch heute noch wird der Wildreis von den Anishnabe von Booten aus auf dem Wasser geerntet, für den Eigenbedarf verwendet und verkauft. Mittlerweile werden außerdem großflächig Hybridsorten angebaut, die einfacher zu ernten und kostengünstiger sind und deshalb eine ernsthafte Konkurrenz darstellen.

Haselnusssuppe

500 g Haselnusskerne

3 Frühlingszwiebeln

20 g Brunnenkresse (siehe Bezugsquellen)

2 TL Haselnuss-Öl

Ca. 1 L Brühe oder Wasser

Salz & Pfeffer

- Den Backofen auf 180°C vorheizen, die Haselnusskerne auf einem mit Backpapier belegten Backblech in den Ofen schieben und 12-15 Minuten rösten, bis sie leicht gebräunt sind. Abkühlen lassen, dann die Nüsse in ein Küchenhandtuch legen und feste gegeneinander reiben, bis die papierdünne Schale sich löst. Die Nüsse fein hacken.
- Frühlingszwiebeln putzen und in Ringe schneiden, (Brunnen-)Kresse putzen und fein hacken. Etwas Kresse für die Dekoration beiseite legen.
- In einem Topf das Haselnuss-Öl erhitzen und Frühlingszwiebel und die Hälfte der Kresse hinzugeben. Kurz andünsten, dann Nüsse und Brühe/Wasser hinzufügen und die Suppe zum Kochen bringen.
- Auf kleiner Flamme ca. 30 Minuten kochen, bis die Nüsse weich sind. Suppe etwas abkühlen lassen und pürieren. Mit Salz und Pfeffer abschmecken, erhitzen und mit Kresse dekorieren.

(Quelle: Divina 2004: 64)

Kürbissuppe

1 Kürbis (ca. 1 kg)

1-2 EL Kürbiskernöl

1 Zwiebel

2 Karotten

1 Stangensellerie

1 Knoblauchzehe

1 EL geriebener Koriander

1 TL Pfeffer

½ TL Zimt

¼ EL Cayennepfeffer

1 L Brühe

Salz

Kürbiskerne und/oder Sauerrahm zum Dekorieren

- Den Backofen auf 200°C vorheizen. Den Kürbis entkernen, in Spalten schneiden und schälen. Zwiebel halbieren, Karotten schälen und vierteln, Stangensellerie in Stücke schneiden. Das Gemüse mit Öl bepinseln, in eine tiefe Auflaufform geben und etwa 25 Minuten weich backen.
- Knoblauch fein hacken, zusammen mit dem Koriander, Pfeffer, Zimt und Cayennepfeffer ohne Fettzugabe in einer Pfanne anrösten.
- Das weiche Gemüse zusammen mit der Brühe pürieren und in einem tiefen Topf erhitzen. Die Gewürzmischung hinzugeben, mit Salz abschmecken. Auf Wunsch mit Kürbiskernen und/oder Sauerrahm dekorieren.

(Quelle: Divina 2004: 54)

Glasperlen und Pelzhandel

Die französischen Seefahrer erkundeten im frühen 16. Jahrhundert hauptsächlich den Nordosten, später das Mississippi-Gebiet und das Innere Kanadas. An der Atlantikküste suchten die Engländer Verbündete unter den indianischen Gruppen und belieferten sie mit Gewehren. Sehr bald begannen die Indianer des Nordostens und der Subarktis mit den europäischen Siedlungen Handel zu treiben. Sie tauschten Felle und Leder gegen Glasperlen, Spiegel, Stoff, Metall, Fallen und Nahrung, aber auch gegen Alkohol.

Die Handelsmächte bedienten sich der Feindseligkeiten zwischen diesen Gruppen: die Franzosen verbündeten sich mit den Dakota gegen die Hudson's Bay Company, die Briten hetzten die Irokesen gegen die französische Herrschaft im Osten auf. Durch den Pelzhandel veränderten sich die Strukturen zwischen den Gruppen entscheidend. Viele Indianer gaben ihre Wanderschaft auf und siedelten sich bei den Handelsposten an. Sie verlernten die traditionelle Herstellung von Kleidung, Werkzeugen und Waffen. Auch jagten sie nicht mehr für ihren Lebensunterhalt sondern nur noch für den Tauschhandel, wobei sie Gewehre und Metallfallen einsetzten und mehr Tiere töteten als nötig gewesen wäre.

Wenn sich indianische Jäger auf die Jagd nach Pelztieren konzentrierten, wurde die Jagd zur Ernährung vernachlässigt. Dies führte oft zu Nahrungsengpässen, die indianische Gruppen veranlassten, fort zu wandern oder zu den Handelsposten zu ziehen, entweder um zu betteln oder um sich einen Kredit geben zu lassen, den sie in der nächsten Jagdsaison ausgleichen wollten. Waren die Indianer erst von den Gütern der Europäer abhängig, so lösten Verzögerungen bei den Proviantlieferungen große Hungersnöte aus. Oft kam es auch zu Plünderungen der Handelsniederlassungen.

Maisgemüse der Mohawk

1 Zwiebel

400 g Maiskörner

2 EL Walnuss-Öl

½ TL Cayennepfeffer

½ TL Salz

100 g Walnüsse / Pecannüsse

1 EL Rosmarinnadeln (frisch)

- Zwiebel fein würfeln, Walnussöl in der Pfanne erhitzen und Zwiebel glasig andünsten.
- Maiskörner hinzugeben und mit Cayennepfeffer und Salz würzen.
- Walnüsse/Pecannüsse ohne Fett in einer Pfanne anrösten und unter den Mais heben, die Rosmarinnadeln unter das Gericht mischen.

(Quelle: Ferretti 2000: 93)

Kartoffelbällchen der Chippewa

500 g Kartoffeln

1 Frühlingszwiebel

1 Bund Dill

1 Ei

50 g Cheddar, gerieben

Salz & Pfeffer

Muskatnuss

Maisöl

- Kartoffeln in der Schale kochen und erkalten lassen. Frühlingszwiebel fein schneiden und Dill fein hacken.
- Kartoffeln schälen und in eine große Schüssel geben, mit Salz, Pfeffer, Muskatnuss und dem Ei vermischen.
- Den Käse, Dill und Frühlingszwiebeln zur Masse geben, mit einem Kartoffelstampfer zu einer homogenen Masse verarbeiten.
- Das Öl in einer tiefen Pfanne erhitzen. Den Kartoffelteig mit bemehlten Händen zu Bällchen formen, im heißen Öl goldgelb braten und auf Küchenpapier abtropfen lassen. Warm servieren.

(Quelle: Ferretti 2000: 84)

Beerengefüllter Fisch der Seneca

4 Forellen ganz (ausgenommen)

125 g gemischte Beeren (Blau-, Brom- oder Preiselbeeren)

Salz & Pfeffer

Etwas Butter oder Öl

4-8 Zahnstocher

- Die Fische waschen und trockentupfen. Innen und außen mit Salz und Pfeffer würzen.
- Inneres der Fische mit gemischten Beeren füllen, mit einem Zahnstocher verschließen.
- Fische in einer Pfanne in Butter oder Öl braten, bis die Haut knusprig ist – oder:
- Fische in Grillschalen legen und auf dem Grill braten, bis die Haut knusprig ist.

Jagdrituale

Vor allem in den Gebieten, in denen die Menschen sehr von der Jagd abhängig waren, dienten Rituale zur Sicherung einer erfolgreichen Jagd, zur Erhaltung des Wohlwollens der Jagdtiere und der sie umgebenden Geister. Dabei herrschte die Vorstellung, Tiere wie Bären, Karibus oder Meeressäuger besäßen einen Herrn, ohne dessen Einwilligung kein Jäger ein Beutetier erhielt. Behandelte ein Jäger ein erlegtes Tier nicht angemessen, beschwerte sich die Seele dieses Tieres beim Herrn der Tiere, und er nahm sie zu sich, ohne sie wieder in ein neues Tier zu schicken.

Vor dem Aufbruch zur Jagd mussten die Jäger zahlreiche Vorschriften einhalten, sie fasteten, bemalten sich das Gesicht und beteten um Jagderfolg. Während der Jäger fort war, hielten auch seine Frau und Kinder besondere Regeln ein. Auf der Jagd wurden oft sehr schöne Kleider und spezieller Schmuck getragen, um die Tiere zu ehren. Die Männer verwendeten auf der Jagd eine besondere Sprache, die sonst im Lager nicht gebraucht wurde.

Ein erlegtes Tier wurde mit besonderer Vorsicht behandelt. Der Jäger bat es um Verzeihung, er bot ihm Geschenke, Wasser und Nahrung an oder schmückte es. Oft wurde der Name des Tieres umschrieben und seine Tötung den Feinden des Stammes zugeschoben.

Besondere Beachtung verdiente der Bär, der als Verwandter des Menschen galt, nie direkt mit Namen angesprochen wurde, und dessen Seele den Jägern besonders gefährlich werden konnte. Zur richtigen Behandlung des Tieres gehörte, dass es komplett verbraucht werden musste. Seine Knochen mussten gesammelt und an einem besonderen Ort bestattet oder aufgebahrt werden, damit beim Herrn der Tiere aus der Seele und den Knochen wieder ein neues Tier entstehen konnte.

Quahog

350 g Muscheln

200 g Krabben / Krebse / Hummer

500 g Kartoffeln

2 Maiskolben, in Scheiben geschnitten

200 ml Weißwein

100 ml Wasser

1 Zwiebel

2 zerdrückte Knoblauchzehen

Salz & Pfeffer

- In einem großen Topf Wasser und Weißwein zum Kochen bringen, mit Salz und Pfeffer würzen. Die Zwiebel und die Kartoffeln kleinschneiden, mit dem Knoblauch in die Suppe geben.
- Krabben/Krebse/Hummer zur Suppe geben und 5 Minuten kochen.
- Die Muscheln und den Mais hinzugeben und etwa 10 Minuten kochen, bis die Muscheln sich geöffnet haben. Eintopf mit frischem Brot und Butter servieren.

(Quelle: https://www.warpaths2peacepipes.com/native-american-life/native-american-indian-recipes.ht)

Cranberry-Huhn aus dem Ofen

4 Hühnerbrüste oder -beine

120 g getrocknete Cranberries (siehe Bezugsquellen)

50 ml Cranberrysirup (siehe Bezugsquellen)

2 Topinambur, halbiert (siehe Bezugsquellen)

2 kleine Süßkartoffeln, halbiert

2 EL Kürbiskernöl

2 EL Ahornsirup (siehe Bezugsquellen)

2 EL Wasser

Salz

- Süßkartoffeln und Topinambur waschen und in eine Auflaufform legen, Wasser mit Ahornsirup und Kürbiskernöl vermischen und darüber geben.
- Hühnerbrüste dazwischen legen, Cranberries, Ahornsirup, Öl und Cranberrysirup hinzufügen, sodass alle Zutaten fast vollständig mit Flüssigkeit bedeckt sind. Gut salzen.
- Auflaufform bei 150°C etwa 2 Std. garen lassen, dazwischen Zutaten immer wieder mit Flüssigkeit bestreichen.

(Quelle : Reinhardt; Lancaster; Lindala 2016: 21)

Von 2010 bis 2012 führte Dr. Martin Reinhardt (Anishinaabe Ojibway) vom Northern Michigan University Center for Native American Studies zusammen mit 25 Freiwilligen die Pilotstudie **Decolonizing Diet Project** durch. Seit Jahren hatte er sich mit Ernährung und ernährungsbedingten Krankheiten indigener Gruppen beschäftigt. Die Teilnehmer beschlossen, sich für ein Jahr ausschließlich von den Nahrungsmitteln zu ernähren, die indianischen Gruppen der Region um die Großen Seen vor 1620 zur Verfügung standen. Manche Teilnehmer fischten und jagten zum ersten Mal, mahlten Mehl aus Nüssen und Mais oder sammelten Wildpflanzen. Lebensmittelgeschäfte in ihrer Umgebung passten sich an und verkauften entsprechende Produkte, die Teilnehmer tauschten sich in Treffen aus und ließen ihren Gesundheitszustand medizinisch überwachen. Die Ergebnisse der Studie waren überzeugend: viele Teilnehmer verloren überflüssiges Fett, hoher Blutdruck und hoher Cholesterinspiegel senkten sich, und der Blutzuckerspiegel normalisierte sich. Außerdem fühlten viele eine tiefere Verbundenheit zu dem Land und zu ihrer Kultur. Das Decolonizing Diet Project Cookbook (2016) ist ein weiteres Ergebnis.

Ente mit Haselnüssen, Pilzen und Wildreis

1 Ente (ca. 2,5 kg)

3 EL Haselnuss-Öl

400 g gemischte Pilze (Pfifferlinge, Steinpilze, etc.)

2 Frühlingszwiebeln

200 g ganze Haselnüsse

200 g gekochter Wildreis (siehe Bezugsquellen)

Salz & Pfeffer

- Ente abspülen und trocken tupfen. Innen und außen mit Salz und Pfeffer einreiben. Frühlingszwiebeln kleinschneiden, Pilze je nach Größe halbieren oder vierteln.
- Haselnussöl in einem Topf erhitzen, Frühlingszwiebeln und Pilze etwa 1 Minute darin anbraten, danach den gekochten Wildreis hinzugeben, mit Salz und Pfeffer würzen. Etwas abkühlen lassen, Backofen auf 180°C vorheizen.
- Ente in einer Auflaufform mit der Nussmischung füllen, mit Bratennadeln verschließen. Restliche Füllung in der Auflaufform verteilen. Haut der Ente einige Male einstechen, damit der Bratensaft austreten kann.
- Ente zunächst etwa 1 Std. mit Alufolie zugedeckt in Ofen backen lassen, danach abdecken und ca. 30 Minuten bräunen lassen. Immer wieder einstechen und mit dem Bratensaft bestreichen. Die Ente ist durchgebraten, wenn der Bratensaft klar fließt.

(Quelle: Cox & Jacobs 1991: 82)

Die Legende von Thanksgiving

Am vierten Donnerstag im November findet „Thanksgiving" in den USA statt. Bei dem staatlichen Feiertag wird den englischen Siedlern gedacht, die im frühen 17. Jahrhundert an der Ostküste landeten und dort mit den Indianern eine Art Erntedankfest feierten. Deshalb werden angeblich traditionelle Gerichte gereicht: ein aufwändig gefüllter gebratener Truthahn, Kürbis, Cranberry-Sauce, Süßkartoffel-Püree sowie Kürbis- oder Apfelkuchen. Thanksgiving hat heute noch einen sehr familiären Charakter und gilt als eines der beliebtesten Feste des Landes.

Die englischen Siedler erreichten im Herbst 1620 den Hafen von Plymoth, an den Küsten der Wampanoag, den „Menschen des ersten Lichts", um den Winter zu verbringen. Doch sie waren für das Leben in dem neuen Land schlecht vorbereitet, fast die Hälfte von ihnen starb. Im März 1621 erhielten die Engländer Besuch von einem Wampanoag, der zu ihrer Überraschung Englisch sprach. Samoset war von einer früheren Expedition nach England entführt worden und willigte ein, bei den Siedlern als Dolmetscher zu leben. Er brachte ihnen bei, Mais anzubauen, und so konnten sie im Herbst 1621 eine gute Ernte einbringen.

Der Anführer der Wampanoag, Massaoit, suchte Verbündete, da zwischen 1616 und 1618 eine heftige Seuche die Küste entvölkert hatte. Er kam mit 90 Kriegern zu den Siedlern und brachte fünf Rehe mit. Drei Tage lang aßen die Siedler und Indianer gemeinsam – das erste Thanksgiving. Man schloss möglicherweise ein Bündnis, doch der Frieden war nur von kurzer Dauer. Die Anzahl der Siedler wuchs jedes Jahr, ihr Hunger nach Land ebenso. Spätestens 50 Jahre nach dem ursprünglichen Fest verloren die Wampanoag ihr Land und ihre politische Eigenständigkeit. Für ihre Nachfahren ist der Tag heute wenig Anlass zum Feiern.

Indian Pudding

800 ml Milch

200 ml Ahornsirup (siehe Bezugsquellen)

50 g Butter

100 g Maismehl (siehe Bezugsquellen)

½ TL Ingwergewürz

½ TL geriebene Muskatnuss

Rosinen / getrocknete Cranberries (siehe Bezugsquellen)

und Eiscreme (nach Wunsch)

- Den Backofen auf 200°C vorheizen. Eine Auflaufform mit etwas Butter einfetten.
- 600 ml Milch und 200 ml Ahornsirup in einem Topf auf dem Herd bei mittlerer Hitze erwärmen, restliche Butter unter Rühren hinzufügen.
- In einer Schüssel das Maismehl, den Ingwer und die Muskatnuss hinzugeben. Die Mehlmischung unter Rühren langsam zur heißen Milch geben, dabei die Hitze reduzieren und die Masse etwa 10 Minuten kochen lassen, bis sie dickflüssig ist. Nach Wunsch Rosinen oder Cranberries einrühren.
- Die Mischung in die Auflaufform geben, 200 ml Milch darüber gießen aber nicht umrühren. Den Pudding für 1 ½ bis 2 Stunden backen, bis alle Milch aufgesogen und die Oberfläche goldbraun ist. Warm und auf Wunsch mit Eiscreme servieren.

(Quelle: Cox & Jacobs 1991: 90)

Popcorn

50 g Popcornmais

2 EL Maisöl

Puderzucker, Ahornsirup oder Salz (nach Wunsch)

- Maisöl in einer tiefen Pfanne mit Deckel erhitzen, Maiskörner hinein streuen und kurz mit dem Öl vermischen, sodass alle Körner leicht bedeckt sind. Deckel der Pfanne schließen.
- Pfanne immer wieder kurz vom Herd nehmen und bei geschlossenem Deckel sacht schwenken, damit die Körner nicht anbrennen.
- Sobald die ersten Körner zu platzen beginnen, Herd ausschalten und Pfanne bei geschlossenem Deckel immer wieder sacht schwenken, damit noch nicht geplatzte Maiskörner nach unten fallen.
- Pfanne vom Herd nehmen. Deckel erst öffnen, wenn keine Körner mehr platzen.
- Auf Wunsch mit Puderzucker, Ahornsirup oder Salz würzen.
- Tipp: Popcorn war in vielen indianischen Gemeinschaften nicht nur eine beliebte Leckerei sondern auch leichter Reiseproviant.

Cranberry-Saft mit Ahornsirup

250 ml (un)gesüßten Cranberrysaft (siehe Bezugsquellen)

100 ml frischer Orangensaft

50-100 ml Ahornsirup (siehe Bezugsquellen)

500 ml Mineralwasser (mit oder ohne Kohlensäure)

Eiswürfel für 4 Gläser

- Cranberrysaft und Orangensaft in einem Rührbecher vermischen.
- Ahornsirup hinzugeben und gut vermischen. Bei gesüßtem Cranberrysaft höchstens 50 ml Ahornsirup verwenden.
- Mineralwasser und Eis kurz vor dem Servieren hinzugeben.

(Quelle: Hetzler 2010: 159)

Erdbeersaft

250 g entstielte Erdbeeren

500 ml Wasser

Zucker oder Honig (nach Wunsch)

- Erdbeeren mit Wasser mit einem Stabmixer pürieren
- Mit Zucker oder Honig nach Belieben süßen
- Etwa 30 Minuten kühlstellen und danach in hohen Gläsern servieren.
- Tipp: Erdbeeren einfrieren, leicht antauen lassen und dann pürieren. Das Getränk lässt sich auch mit Milch statt Wasser zubereiten.

Erdbeeren waren die ersten Früchte des Jahres nach einem langen und kulinarisch eintönigen Winter, in dem die Menschen von Vorräten lebten. Kein Wunder also begrüßten die Irokesen diese Frucht mit einem eigenen Fest, sobald sie im Mai bis Juni gereift war. Das eintägige Erdbeerfest wurde von Tänzen, Rezitationen und Bußritualen begleitet, da die Menschen gereinigt ins neue Jahr gehen sollten. Die Teilnehmenden erhielten außerdem einen Schluck vom Erdbeertrunk und dankten den Früchten für ihre Wiederkehr.
Unsere heutige Erdbeere gäbe es ohne jene aus Amerika gar nicht. Die Garten-Erdbeere ist eine Kreuzung aus der Scharlach-Erdbeere, wie die Irokesen sie nutzten, und der Chile-Erdbeere. Mit diesem Rezept trinken wir also auch einen kleinen Schluck Amerika.

(Quelle: www.angelfire.comct/deerwhorns/recipes.html)

In the land of Corn Woman – der Südosten

Der Südosten umfasst die südliche Atlantikküste, die südöstlichen Waldgebiete, die Sümpfe von Florida mit zahlreichen Inseln und Lagunen und die Gegend um den Golf von Mexiko. Das Klima wird nach Süden hin immer wärmer und subtropischer. An der Küste ist es feucht, im Landesinneren nimmt die Feuchtigkeit langsam ab. Schon in der Vorzeit bildeten sich in diesem Gebiet große Häuptlingstümer, die zum Zeitpunkt der europäischen Invasion weitgehend ausgestorben waren. Eine Ausnahme bildeten die Natchez, die ihren Häuptling als Abkömmling der Sonne wie einen König verehrten und in komplexe Bevölkerungsschichten eingeteilt waren.

Die Indianer des Südostens waren aufgrund des milden und des feuchten Klimas in der Lage, Felder mit Mais, Sonnenblumen, Bohnen und Kürbis anzulegen. Maiskörner wurden in Mörsern zu Mehl gestampft, woraus verschiedene Speisen zubereitet wurden. Darüber hinaus jagten sie Hirsche, Bären, aber auch Kleintiere wie Hasen und wilde Truthähne. Die Gruppen am Meer fingen Fische, im Mississippi-Tal machte man gelegentlich Jagd auf Bisonherden, in Florida erlegten die Indianer Alligatoren und Seekühe. Die Felder lagen in der Nähe ihrer Dörfer, die in kühleren Regionen komplett aus Holz und Flechtwerk bestanden. Die Kleidung der Indianer bestand aus Tierfellen und Leder, wobei auch leichte Umhänge aus Bast und Gräsern gewebt wurden. Die Adeligen der Stämme trugen Nasenschmuck und hatten die Gesichter tätowiert. In einigen der Stämme gab es feste Berufsgruppen wie Töpfer, Waffen- und Werkzeughersteller, Künstler, Bootsbauer und Salzsieder. Die einzelnen Stammesgruppen handelten mit Mais, Kunsthandwerk aber auch kaltgehämmertem Kupfer.

In Florida bauten die Indianer leichte Häuser ohne Wände. Im Inneren der Häuser standen Plattformbetten und kleine Schemel, und geflochtene Matten waren ausgelegt. Größere Dörfer waren von Palisaden oder Erdwällen umgeben, um sie vor Überfällen zu schützen. Die Felder lagen außerhalb der Befestigungsanlagen. Jedes Dorf besaß einen Zentralplatz, auf dem ein Zeremonial- und Versammlungshaus und ein Kultpfahl aufgestellt waren. Auf einem Erdhügel (Mount) wurde bisweilen ein separater Tempel oder Bestattungshaus errichtet. Die religiösen Zeremonien und kollektiven Riten wurden oft von einer Priesterschaft geleitet. Auch der Ausgang einer Jagd sollte von Zeremonien vor dem Aufbruch beeinflusst werden.

Das Gesellschaftssystem war sehr komplex. Die meisten Stämme rechneten ihre Abstammung über die Linie der Mutter. Neben den Priestern und einzelnen Berufsgruppen gab es eine Schicht Adelige, die wohlhaben-

der als die meisten Leute waren. Den frühen Entdeckern fielen immer wieder Sänften auf, in denen die Vornehmen getragen wurden. Zudem war der gesamte Stamm in zwei Hälften geteilt, die oft in Wettkämpfen, Spielen und Zeremonien gegeneinander antraten.

Statt einen gab es zwei Anführer in den meisten Gruppen, einen Kriegs- und einen Friedenshäuptling. Der Kriegshäuptling war in Kriegsfällen der Anführer, der auch die Kampfhandlungen leitete und verantwortete. Über diese Zeit hinaus hatte er keinen Einfluss mehr. Die Krieger eines Dorfes griffen eine andere Gruppe meist im Morgengrauen an, wenn alle noch in tiefem Schlaf lagen. Das feindliche Dorf wurde zerstört, und Frauen und Kinder als Gefangene fortgeführt. Als Zeichen, dass die Krieger über einen anderen gesiegt hatten, nahmen sie sein Kopfhaar als Trophäe – den Skalp. In Friedenszeiten herrschte ein Friedenshäuptling, der unter anderem die Zeitpunkte von

Aussaat und Ernte festlegte und auch im religiösen Bereich Aufgaben hatte. Dieser konnte auch eine Frau sein.

Cabeza de Vaca war unter dem Kapitän Pánfilo de Narváez 1528 an der Westküste Floridas gelandet, errichtete aber keine dauerhafte Siedlung. Die Expedition des Hernando De Soto war die erste europäische Begegnung, die tiefgreifenden Einfluss auf die indianischen Gesellschaften des südöstlichen Nordamerikas hatte. De Soto erkundete von 1539-1543 mit 600 Soldaten, 200 Pferden und einer großen Herde Schweine den Südosten von Florida (wahrscheinlich) bis Alabama. Er hatte seine Expedition im Gegensatz zu Cabeza de Vaca geplant und hoffte, die sagenhaften "Sieben Städte von Cibola" zu finden. Im Frühjahr 1540 traf er auf eine Gruppe Indianer, deren politischer Funktionsträger eine Frau war und beschrieb die "Cacica" mit ihrem Hofstaat.

Die eindringenden Europäer drängten Gruppen nach Westen und Süden über den Mississippi ab. Neben den Veränderungen durch die europäischen Handelswaren wurden zahllose Gruppen, darunter 16.000 Cherokee zur Umsiedlung westlich des Mississippi gezwungen, Tausende starben auf dem *trail of tears*, dem „Marsch, auf dem sie weinten". Der Widerstand wuchs zunehmend, vor allem, nachdem sich zahllose entlaufene schwarzafrikanische Sklaven zu den indianischen Gruppen flüchteten und sich mit ihnen vermischten. Mit dem Propheten Tecumseh versuchten zahllose Stämme, zu den alten Lebensformen zurück zu kehren, doch sie mußten nach der Niederschlagung nach Florida flüchten. 1819 wurden die Shawnee, Choctwa, Cherokee und Lenape nach Süden getrieben.

In Florida lebten vor der weißen Kolonisation nur wenige Menschen, aber um 1700 flohen viele Indianergruppen vor den Weißen in die Sümpfe und lebten dort auf

Waldlichtungen vom Anbau, der Jagd und dem Fischfang. Aus den geflohenen Indianergruppen entstand der Stamm der Seminolen. Auch entlaufene Sklaven zogen sich mit den vertriebenen Indianern in die vorher nahezu unbesiedelten Sümpfe zurück. Die entlaufenen Sklaven bildeten die Begründung für zahlreiche militärische Aktionen gegen die Seminolen. Das "Manifest Destiny" des 19. Jahrhunderts, das den Untergang der Indianer und die Herrschaft der Weißen als gottgegeben erklärte, ebnete schließlich den Weg für zahlreiche Siedler nach Westen. Ab 1830 siedelte der Präsident der Vereinigten Staaten, Andrew Jackson, zahlreiche Indianergruppen auf der Basis des "Removal "- Gesetzes um. Das gesamte Gebiet westlich des Mississippi mit Ausnahme der Staaten Missouri, Lousiana und Arkansas wurde zum "Indianerland" erklärt. Ohne Lizenz durfte dort kein Weißer Handel treiben oder siedeln. Doch bevor dieses Gesetz in Kraft trat, zogen Tausende von Siedlern in den Westen und gründeten die Staaten Wisconsin und Iowa, worauf die "Indianergrenze" vom Mississippi auf den 95. Meridian verschoben wurde.

Auch der Stamm der Seminolen wurde nach hartnäckigem Widerstand 1850 vom Militär aus Florida deportiert. Die wenigen Überlebenden begannen um 1890 friedlich mit den Europäern am Rand der Everglades zu handeln, um 1930 verkauften viele Seminolen Kunsthandwerk an Touristen und führten Alligatorenkämpfe vor.

Die Seminolen in Florida waren 1979 der erste Stamm, der auf dem Territorium seines Reservats das Angebot von Glücksspielen als Einnahmequelle etablierte und eine Bingo-Halle errichtete. Diesem Beispiel folgend eröffneten seit der Verabschiedung des Indian Gaming Regulation Act 1988 eine Reihe weiterer Stämme Kasinos, da die Reservate nicht den Steuer- und Glücksspielgesetzen der Bundesstaaten unterliegen. Stämme mit einer sehr hohen Arbeits-

losenquote versprechen sich zu Recht Arbeitsplätze auf der Reservation, vergessen aber oft, dass zuerst ein Investor gefunden werden muss, dem der Stamm dann unter Umständen jahrzehntelang Schulden zurückzahlen muss. Es gibt auch kritische Stimmen in den Stämmen, die in der Eröffnung einer Glücksspielhalle auch Anzeichen für den Verlust kultureller Identität sehen.

Ende 2006 kauften die Florida-Seminolen für 965 Millionen US-Dollar die britische Restaurantkette *Hard Rock Cafe* inklusive der unter diesem Markennamen betriebenen vier Hotels, zwei Kasinos und zwei Konzerthallen sowie über 70.000 Dekorationsgegenständen wie Instrumenten oder anderen Erinnerungsstücken aus der Geschichte des Rock.

Aufgrund sehr positiver Geschäftszahlen ist der Stamm in der Lage, jedem Stammesmitglied monatlich eine große Summe auszuzahlen. Dieser Reichtum schürt bei allen positiven Entwicklungen für den Stamm nicht

nur die Abneigung der nicht-indianischen Nachbarn, er verursacht außerdem einen sichtbaren Niedergang des traditionellen Handwerks sowie der Souvenirherstellung und anderer stammeseigener Betriebe.

Salat aus Palmherzen

200 g eingelegte Palmherzen aus der Dose (siehe Bezugsquellen)

¼ Zwiebel

2 EL Balsamico-Essig

1 EL Mayonnaise

Salz & Pfeffer

1 TL gehackte Petersilie

- Palmherzen in etwa 3-5 mm dicke Scheiben schneiden, auf Tellern anrichten.
- Zwiebel fein hacken, mit Essig und Mayonnaise vermischen, mit Salz & Pfeffer abschmecken.
- Gleichmäßig die Sauce über die Palmherzen verteilen, mit Petersilie garnieren.

(Quelle: LaFray 1996: 4)

Sofkee

8 Streifen Speck

500 g weichen Hominy (siehe Bezugsquellen)

3 Frühlingszwiebeln

100 ml Wasser oder Brühe

Salz & Pfeffer

- Speckstreifen in einem tiefen Topf knusprig anbraten.
- Hominy hinzugeben, mit Wasser oder Brühe aufgießen, etwa 1 Stunde kochen lassen, bis der Mais fast zerfällt. Mit Salz und Pfeffer würzen.
- Frühlingszwiebeln kleinschneiden, zur Suppe geben und weitere 5-7 Minuten kochen lassen.

Sofkee ist ein Standardgericht im Südosten mit vielen Varianten, das auch verdünnt wie ein Getränk genossen wird. Als Fleischeinlage wurde verwendet, was gerade verfügbar war. Das Gericht köchelte den ganzen Tag über dem Feuer und konnte an Gäste ausgeteilt werden. Dafür gab es einen speziellen Löffel, der zum Servieren verwendet wurde.

(Quelle: https://delishably.com/grains/Recipes-From-the-Everglades)

Pecan-Suppe der Cherokee

1 Zwiebel

1 EL Sonnenblumenöl

800 ml Brühe

4 Hühner- oder 2 Putenschenkel

Salz & Pfeffer

½ Bund Dill

100 g Pecannüsse

- Zwiebel häuten und in Ringe schneiden, Öl in einem Topf erhitzen und die Zwiebel glasig dünsten. Mit Brühe auffüllen und zum Kochen bringen.
- Die Hühner- oder Putenschenkel hinzugeben und etwa 30 Minuten kochen lassen, bis das Fleisch weich ist. Pecannüsse grob hacken, Dill fein hacken.
- Fleisch aus dem Topf nehmen, entbeinen und in Stücke schneiden. Die Suppe mit Salz und Pfeffer würzen.
- Das Fleisch und die Pecannüsse in die Suppe geben, erhitzen und einige Minuten ziehen lassen. Mit Dill bestreuen.

(Quelle: Cox & Jacobs 1991: 21)

Erdnusssuppe

2 Frühlingszwiebeln oder 1 Zwiebel

1 EL Sonnenblumenöl

400 g geschälte und gehackte Erdnüsse

400 ml Brühe

400 ml Milch oder Sahne

2 TL Schnittlauchröllchen / gehackte Erdnüsse zum Dekorieren

Salz & Pfeffer

- Die gehackten Erdnüsse in einer Pfanne ohne Fettzugabe rösten, bis sie duften.
- Frühlingszwiebeln oder Zwiebel fein hacken, mit dem Öl in einem tiefen Topf andünsten.
- Die gerösteten Erdnüsse hinzugeben, kurz umrühren. Brühe und Milch oder Sahne hinzugeben, aufkochen lassen.
- Bei mittlerer Hitze etwa 15-20 Minuten köcheln lassen, etwas abkühlen lassen.
- Mit dem Pürierstab fein pürieren, mit Salz und Pfeffer abschmecken und mit Schnittlauch oder gehackten Erdnüssen dekorieren, warm servieren.
- Tipp: Diese Suppe ist sehr reichhaltig und eignet sich mit Brot und Salat als Hauptgericht.

(Quelle: Cox & Jacobs 1991: 19)

Die Wildform der Erdnuss, die botanisch zu den Hülsenfrüchten zählt, wurde schon vor 7800 Jahren in Peru genutzt. Die Moche gaben ihren Toten Erdnüsse als Grabbeigabe mit und schufen Gefäße in Erdnussform. Die Pflanze verbreitete sich als Anbaufrucht in weiten Teilen Süd- und Mittelamerikas.

Mit der spanischen Eroberung kam die Erdnuss nach Europa, und von Europa fand sie ihren Weg nach Afrika. Die sehr proteinreiche Nuss wurde als Nahrung für die Gefangenen auf den Sklavenschiffen verwendet, als schwarzafrikanische Sklaven in den Südosten der heutigen USA gebracht wurden. So fand sie ebenfalls Eingang in die Küche der indianischen Gruppen des Südostens.

Cahokia

Etwa um 4.500 v.Chr. hatten die Flussläufe im Südosten in etwa ihren heutigen Verlauf gefunden. Es bildeten sich ruhige Fließgewässer mit Au- und Sumpfwäldern. Die Bevölkerung nahm stark zu, wurde zunehmend sesshafter und begann mit der Kultivierung von Wildpflanzen. Ab 2.500 v. Chr. kannte man die Herstellung der Keramik, die sich bis etwa 1.300 v. Chr. bis in das untere Mississippi-Tal verbreitet hatte. Der Mais, ab 1.000 v. Chr. im Südwesten angebaut, erreichte um 200-400 v. Chr. das Gebiet.

Ab der Früh-Waldlandzeit von 1.000 v. Chr. bis 100 n. Chr. gewannen monumentale Grabhügel mehr und mehr an Bedeutung. Die Menschen kannten umfassende Bestattungssitten und gaben besonderen Toten reiche Grabbeigaben mit. Später errichteten sie rechteckige, abgeflachte Erdhügel, auf denen vermutlich Tempel standen.

Die größten Mississippi-Gemeinschaften waren unter anderem Cahokia bei St. Louis und Moundville in Alabama. Cahokia erlebte ihren Höhepunkt um 1.050-1.250 n. Chr. durch ausgedehnten Handel und ein komplexes religiöses System, als über 20.000 Menschen hier lebten. Die Stadtanlage umfasste zahllose Erdpyramiden, Palisaden, Handwerker- und Handelsviertel, Straßen und Plätze. Außerhalb lebten Bauern, die die Stadt mit Feldfrüchten, Feuerholz und Arbeitskraft versorgten.

Aus bisher noch unbekannten Gründen erlebte die Stadt ab 1250 n. Chr. ihren Niedergang. Als die ersten Europäer in das Gebiet kamen, wussten die ansässigen Indianer nichts mehr von den Hügelbauern, deren Erdwerke immer noch deutlich sichtbar waren. Viele der Hügel, vor allem Grabhügel, wurden geplündert und die Funde verkauft oder zerstört. Heute ist die Erforschung von Cahokia ein wichtiges Anliegen der Cahokia Historical Society, Illinois.

Süßkartoffel-Puffer

2 große Süßkartoffeln

2 Eier

2 EL Weizenmehl

½ TL Salz

Zimtpulver nach Bedarf

Öl zum Ausbacken

Flüssige Butter / Honig (nach Wunsch)

- Süßkartoffeln in Wasser ca. 20 Minuten kochen, bis sie weich sind. Abkühlen lassen, schälen und in Stücke schneiden.
- Süßkartoffeln in einer Rührschüssel zerdrücken, Eier, Mehl und Salz hinzufügen und gut mischen. Auf Wunsch Zimt hinzufügen.
- Öl in einer tiefen Pfanne erhitzen und einen Esslöffel der Süßkartoffelmischung vorsichtig in das Öl geben, flach drücken.
- Ist eine Seite gebräunt, Puffer wenden und von der anderen Seite goldbraun backen.
- Heiß mit flüssiger Butter und Honig servieren.

(Quelle: Cox & Jacobs 1991: 33)

Omelette mit wilden Zwiebeln der Creek

4 Eier

4 Frühlingszwiebeln

1 EL Butter

Salz & Pfeffer

- Zwiebeln fein hacken, in der zerlassenen Butter in einer Pfanne anbraten.
- Eier in einer Schüssel aufschlagen und verquirlen, mit Salz & Pfeffer würzen.
- Zu den Zwiebeln in die Pfanne geben und stocken lassen. Gelegentlich wenden.

(Quelle: Simms 1970: 4)

Der Kolumbus-Effekt

Dieser Begriff beruht auf Forschungsarbeiten des US-amerikanischen Historikers Alfred W. Crosby. „*Columbian Exchange*" bezeichnet die enorme Verbreitung und Wechselwirkung von für die jeweiligen Kontinente zunächst neuartigen landwirtschaftlichen Waren und Produkten zwischen der östlichen und westlichen Hemisphäre. Er trat als eine der Rückwirkungen der europäischen Expansion nach der Entdeckung Amerikas 1492 durch Christoph Kolumbus auf. Der Austausch von Pflanzen und Tieren wandelte die europäischen, amerikanischen, afrikanischen und asiatischen Lebensarten um. Nahrungsmittel, die einige Völker nie zuvor gesehen hatten, wurden unverzichtbar. Praktisch keine Gesellschaft auf der Erde konnte sich dem entziehen.

Das Jahr 1492 wird hier als allgemeines Stichdatum gewählt, das jeweilige Einsetzen der Wirkungen ist nach Landstrich durchaus unterschiedlich. Die Eroberer und später die Siedler brachten alles mit, was sie aus der „Alten Welt" her kannten – Pflanzen, Tiere und auch Krankheiten. Der erste europäische Import, das Pferd, änderte die Lebensgewohnheiten vieler amerikanischer Ureinwohner auf den Prärien in einen Lebensstil mit der Jagd auf Bisons zu Pferde. Die Spanier setzten lebende Hausschweine als leicht zu jagendem Proviant aus. Diese Schweine verwilderten innerhalb kürzester Zeit, verdrängten einheimische Tiere und fraßen auch die Felder der Ureinwohner leer. Diese verwilderte Art war viel aggressiver und eroberte in wenigen Jahrzehnten die Anden, den Amazonas und den Norden Amerikas. Auf den Schiffen der Spanier waren auch blinde Passagiere: europäische Viren, die bei Indianern unheilbare Krankheiten verursachten.

Es kam in Mittelamerika zu einem so umfassenden Genozid der Ureinwohner, dass aus Afrika Sklaven eingeführt wurden, weil der Bergbau in den Minen sonst nicht mehr möglich gewesen wäre. Aufgrund der ständigen Silber- und Goldimporte aus Übersee durch Spanien, insbesondere aus den Minen aus Potosí, kam es zum dauerhaften Rückgang und schließlich zum Zusammenbruch des traditionellen europäischen Silberbergbaus. Auch China war von dieser Inflation betroffen, die als sogenannte "Preisrevolution" in die Geschichte einging.

Die Tomatensauce, hergestellt aus Tomaten aus der Neuen Welt, wurde ein italienisches Warenzeichen, aber Kaffee und Zuckerrohr aus Asien bildeten die wichtigsten Anbaupflanzen Lateinamerikas. Vor dem Kolumbus-Effekt gab es keine Orangen in Florida, keine Bananen in Ecuador und keine Schokolade in der Schweiz.

Käse-Spinatkuchen

1 Blätterteig ausreichend für runde Backform ca. 20 cm

1-2 gehackte Zwiebel

1 Knoblauchzehe

100 g frischer Spinat, geschnitten

1 Esslöffel Butter oder Öl

ca. 120 g geriebener Käse (z.B. Greyerzer, Appenzeller, etc.)

2-3 Eier

120 ml Milch oder Sahne

Paprikapulver, Salz & Pfeffer

- Die gehackten Zwiebeln im Öl andämpfen, zerdrückte Knoblauchzehe dazu geben, nach 2-3 Minuten den Spinat dazugeben.
- Den Blätterteig in die Backform legen und den Boden mit Käse bedecken, ein wenig vom geriebenen Käses aufheben.
- Eier und Milch mischen, mit Paprika, Salz und Pfeffer würzen.
- Den angedämpften Spinat gut abtropfen und danach über den Käse verteilen, dann Eier-Milch-Guss darüber gießen und den restlichen Käse verteilen.
- In der Mitte des Ofens bei 200°C ca. 35-40 Minuten backen. Zu diesem Käse-Spinatkuchen passt ein Salat.

(Quelle: Mankiller 1988: 22)

Die Cherokee-Künstlerin Matha Berry nahm mit fünf Jahren zum ersten Mal Nadel und Faden in die Hand. Mittlerweile fertigt sie Taschen, Gürtel, Kniebänder und Mokassins mit traditionellen Mustern des amerikanischen Südostens an. Dabei lässt sie sich sowohl von Museumsobjekten als auch von prähistorischen Abbildungen inspirieren. Für ihre Arbeit hat sie bereits mehrere Preise gewonnen. Sie bietet auch Kurse in Perlenstickerei an und gibt ihr Wissen an ihre Töchter weiter.

THE
CHIEF COOKS
TRADITIONAL CHEROKEE RECIPES
By Principal Cherokee Chief
Wilma Mankiller

Fisch mit Orangen und Weintrauben

2 ganze Goldbrassen, ausgenommen (ca. 1,2 kg)

1 Limone

2 Orangen, in Scheiben geschnitten

8-10 Weintrauben, halbiert

2 Frühlingszwiebeln, in Scheiben geschnitten

30 frische Weinblätter oder Alufolie

Salz & Pfeffer

Butter (nach Belieben)

- Den Backofen auf 180° vorheizen, Fische innen und außen salzen und pfeffern.
- Fische innen und außen mit dem Limonensaft beträufeln.
- Die beiden Fische gleichmäßig mit den Orangenscheiben, Weintrauben und Frühlingszwiebeln füllen. Einige Orangenscheiben auf den Fischen verteilen.
- Falls gewünscht Butterflocken innen und auf den Fischen verteilen, die Fische einzeln in die Weinblätter wickeln und mit Küchengarn befestigen.
- In eine tiefe Auflaufform etwa 3 cm Wasser einfüllen, einen Backrost darüber legen und die Fische auf dem Rost etwa 25-30 Minuten dämpfen, bis das Fleisch sich leicht von den Gräten löst.

(Quelle: Cox & Jacobs 1991: 42)

Die Spanier brachten die bitteren Orangen nach Florida, als sie dessen Küsten im 16. Jahrhundert erkundeten. Die indianischen Gesellschaften Floridas, die schon immer die einheimischen Früchte wie wilde Trauben für ihre Gerichte verwendet hatten, übernahmen die neue Zutat und integrierten sie in ihre Rezepte. Die Zubereitung von Fisch oder auch Fleisch in einem Päckchen aus Wein- oder Maisblättern ist auch heute noch an den Lagerfeuern üblich.

Gefülltes Kaninchen der Seminole

1 ganzes Kaninchen

50 ml pflanzliches Öl

100 g Weizenmehl

Salz & Pfeffer

200 g Maiskörner

- Den Ofen auf 200°C vorheizen. Das Kaninchen trocken tupfen.
- Das Kaninchen mit den Maiskörnern füllen und die Öffnung mit Kochschnur verschließen. Die Vorder- und Hinterbeine des Kaninchens mit Kochschnur zusammenbinden.
- Mehl, Salz und Pfeffer in einer Schüssel mischen. Das Kaninchen mit dem Öl einpinseln und dann großzügig mit der Mehlmischung einreiben. In eine tiefe Auflaufform geben und 10 Minuten im Ofen backen lassen.
- Die Hitze auf 150°C reduzieren und das Kaninchen etwa 1 ½ Stunden backen lassen, dabei immer wieder wenden und mit dem Bratensaft bestreichen.
- Nach Ende der Backzeit aus dem Ofen nehmen und etwa 10 Minuten vor dem Servieren ruhen lassen.

(Quelle: http://www.thewildwest.org/nativeamericans/nativeamericanrecipes/147-seminole-roast-rabbit)

Das Grünmaisfest

Das Grünmaisfest, auch Buskfest (Creek: poskia = fasten) genannt, findet traditionell bei vielen Stämmen im Südosten statt, die Felder bestellen. Das viertägige Fest wird meist im Juli oder August gefeiert, wenn der erste Mais des Jahres röstreif ist. Viele Stämme begehen das Grünmaisfest auch heute noch, so die Cherokee, Creek, Seminole und Irokesen.

Während des Festes sollte jede Art von Streit vermieden werden. Unstimmigkeiten, religiöse Verfehlungen und Schulden wurden zum Zeichen des neuen Jahres vergeben – bis auf Mord. Die währenddessen stattfindenden Wettkämpfe hatten vor allem kultischen Charakter. Das Stickball Game wurde von den beiden Hälften des Stammes gegeneinander gespielt.

Bei den Cherokee ehrt das Grünmaisfest (in Cherokee: ᎠᎦᏪᎳ ᏎᎷᎤᏥ - Agawela seluutsi) die Maismutter. Zu Beginn des Festes reinigten sich alle Mitglieder einer Gruppe in einem Fluss und tranken einen Kräutersud, der „Schwarzer Trank" genannt wurde und zu Erbrechen führte. Dies war Teil der inneren Reinigung.

Zahlreiche religiöse Tänze wurden auf einem speziell geweihten Tanzplatz durchgeführt, die entweder den Krieg oder das Pflanzen sowie Ernten von Mais zum Inhalt hatten. Am abschließenden Tanz nahm die gesamte Gemeinschaft teil. In der Mitte des Tanzplatzes wurden den Donnerwesen und den Ahnen Gebete und Opfer gebracht und ihnen für die reichhaltige Ernte gedankt. Dort wurde auch das zentrale Feuer entzündet. Die weiblichen Clanführer nahmen von dem heiligen Feuer Kohlen, um die ausgelöschten Feuer in ihren Häusern wieder zu entzünden.

In manchen Dörfern wurden alle Einrichtungsgegenstände zum Beginn des neuen Erntejahres zerstört. Neue Gegenstände und Gerichte wurden angefertigt und mit allen geteilt.

Cherokee-Succotash

200 g getrocknete Bohnen und 500 ml Wasser

100 g grüne Bohnen

200 g Maiskörner

1 rote Paprika

1 Zwiebel

1 Knoblauchzehe

2 EL Kürbiskernöl

150 g Speckwürfel oder 200 g Rind-/Wildfleisch

Salz & Pfeffer

100 ml Brühe

Succotash ist ein sehr variantenreiches Rezept im Waldland und im Südosten. Ein Topf mit dem beliebten Mais-Bohnen-Eintopf köchelte den ganzen Tag über dem Feuer, falls überraschend Gäste kamen. Die Bezeichnung des Gerichts stammt aus der Narragansett-Sprache: „m'sickqquatasch", was „Ganze Maiskörner" bedeutet. Früher wurde dem Gericht oft Bärenfett und –fleisch zugegeben. Heute hat jeder Stamm sein eigenes Rezept, das auch gänzlich ohne Fleisch auskommen kann.

- Getrocknete Bohnen am Abend vorher mit reichlich Wasser bedecken, über Nacht einweichen lassen.
- Zwiebel und Knoblauch fein schneiden, Paprika und grüne Bohnen in Stücke schneiden. Öl in einem Topf erhitzen und Zwiebel und Knoblauch andünsten. Speckwürfel oder Fleisch hinzugeben und anbraten.
- Paprika und eingeweichte, abgetropfte Bohnen mit 100 ml der Einweichflüssigkeit hinzugeben. Zum Kochen bringen, grüne Bohnen und Mais hinzufügen, mit Brühe auffüllen und auf kleiner Flamme ca. 1 Std. kochen lassen, bis die Bohnen weich sind. Mit Salz und Pfeffer würzen.

(Quellen: u.a. https://recipeland.com/recipe/v/cherokee-succotash-14522; Ferretti 2000: 79; Hetzler 2010: 118)

Traubenklöße der Chickasaw

400 g Mehl

1 Ei

150 ml Wasser

1 TL Maisstärke

500 ml Traubensaft

Zucker (nach Belieben)

Vanilleeis (nach Belieben)

- Mehl, Ei, Wasser und 50 ml Traubensaft zu einem festen Teig verkneten. Teig auf einer Arbeitsfläche etwa 5 mm dick ausrollen, in Rauten schneiden.
- 4 EL Traubensaft mit der Maisstärke vermischen. Den restlichen Saft in einem tiefen Topf zum Kochen bringen und auf Wunsch mit Zucker süßen. Teigrauten in den Saft geben, einige Minuten kochen lassen. Maisstärke hinzugeben.
- Traubenklöße heiß mit Traubensaft servieren oder über Vanilleeis geben.

(Quelle: Penner & Ellis 2011: 26)

Pecankugeln

220 g weiche Butter oder Margarine

110 g Zucker

1 TL Maisstärke

200 g Mehl

1 TL Vanillezucker

1 Vanillestange

120 g gehackte Pecannüsse (oder Walnüsse)

Kleine Schüssel mit Zimt-Zucker Mischung

- Sehr weiche Butter mit dem Zucker mischen, Mehl, Maisstärke und Vanillezucker dazu mischen. Vanilleschote aufschneiden, Mark herausstreichen und ebenfalls hinzugeben.
- Zuletzt die gehackten Nüsse beigeben und alles gut zu einem Teig vermischen. Den Teig in ca. 2 cm große Kugeln formen und im vorgeheizten Ofen bei 180°C ca. 10-12 Minuten backen.
- Die warmen Kugeln in Zimt und Zucker wälzen und auskühlen lassen.

(Quelle: Mankiller 1988: 41)

Passionsblumenkrauttee

1 TL Passionsblumenkrauttee

Ca. 200 ml siedendes Wasser

Zucker oder Honig (nach Belieben)

- Passionskrauttee in ein Teeei oder einen Teebeutel geben.
- In einer Tasse mit dem siedenden Wasser übergießen und etwa 10-15 Minuten ziehen lassen.
- Auf Wunsch mit Zucker oder Honig süßen.

Passionsfruchtsaft

pro Person 5 Passionsfrüchte

pro Person 100 ml Wasser

Eiswürfel (nach Belieben)

- Passionsfrüchte halbieren und Fruchtfleisch heraus schaben, in einem Mixer zerkleinern, dabei die Kerne nicht entfernen.
- Mit Wasser und auf Wunsch Eiswürfeln servieren.

Guests never leave hungry – Die Nordwestküste und Kalifornien

Die amerikanische **Nordwestküste** ist durch feuchte Nadelwälder, zahlreiche Flüsse und milde Meeresströmungen des Pazifiks gekennzeichnet. Die von tiefen Fjorden zerschnittene Küste umfasst den gesamten südlichen Teil Alaskas und erstreckt sich über Britisch Kolumbien bis zur Nordgrenze Kaliforniens. Der Überfluss an Nahrung und an Holz als wichtigstes Baumaterial prägten Lebensweise und Jahreszyklen.

Der früheste Zeitpunkt menschlicher Besiedlung wird auf 10.000 v. Chr. datiert; sobald die schmelzenden Gletscher einen Weg an der Küste freigaben. Dabei wurden nicht nur die Ufer der weit ins Land reichenden Meeresarme als besiedelt, sondern auch die vielen Inseln vor der Küste. Viele vorgeschichtliche menschliche Spuren sind durch den angestiegenen Meeresspiegel nicht mehr erforschbar. Deutlichen Einblick in die Vorgeschichte gibt der archäologische Fundort Ozette bei Kap Flattery am Pazifik, wo um 1510 eine Mure das Dorf überrollte und sowohl Holzhäuser als auch Gegenstände des täglichen Lebens konservierte.

Die Stämme hier gehörten aufgrund des überreichen Nahrungsangebotes der Umgebung zu den wenigen Beispielen streng hierarchischer und stratifizierter Gesellschaften auf der Basis von Sammlern und Jägern. Dies ermöglichte eine Siedlungsweise in festen Dörfern am Meer oder an Flüssen. In jedem Haus aus Zedernholz, das dem Anführer der Familie, meist dem ältesten männlichen Mitglied, gehörte, wohnte eine Großfamilie. Aus dem roten Zedernholz schnitzten sie auch Möbel, Geschirr, Boote, Masken und Familienwappen.

Zu den jährlichen Lachswanderungen, wenn die Fische in Millionen die Flüsse hinaufzogen, um in den Quellgebieten zu laichen, konnte man die Fische regelrecht „ernten".

Der erste gefangene Lachs wurde in einer Zeremonie begrüßt und feierlich gegessen. Anschließend wurden seine Gräten vollständig wieder in den Fluss geworfen, damit er im nächsten Jahr wieder lebendig zurück kommen würde. Die gefangenen Lachse wurden entweder geräuchert, getrocknet oder eingesalzen. Neben dem Lachs wurden auch andere Meeresfische gefangen. Eine Besonderheit ist dabei der sogenannte Kerzenfisch, der so ölhaltig ist, dass man ihn trocknen und einen Docht in seinen Körper stecken konnte – er brannte wie eine Kerze. Stämme, die am Meer lebten, gingen gelegentlich in Holzbooten und mit Holzspeeren auf Waljagd. Aber auch Heilbutt, Schalentiere, Seesäuger wie Tümmler, Robben, Seelöwen und Seeotter wurden gefangen. Dazu sammelte man Pflanzen, Beeren, Wurzeln und Tang, jagte Landtiere wie Bären, Karibus, Hirsche sowie Vögel und nutzte deren Eier.

Die Gesellschaft war in Adelige, gewöhnliche Leute und Sklaven geteilt. Adeligen Familien gehörten die Jagdgebiete und Fischgründe, und andere durften dort ohne Erlaubnis nicht jagen oder fischen. An der Spitze der Hierarchie standen die mit erblichen Privilegien ausgestatteten Dorfhäuptlinge, gefolgt von ihren engeren Verwandten und dem gewöhnlichen Volk. Die unterste Schicht bildeten die Sklaven – Gefangene von Überfällen auf andere Dörfer. Diese arbeiteten im Haushalt ihrer Besitzer, erhielten dafür Nahrung und Kleidung und konnten sogar untereinander heiraten.

An den Abenden wurden in den Häusern oft Geschichten und Mythen erzählt: Vom Rabe „Yeł", der die Sonne auf die Welt getragen hat, sich dabei so verbrannt hat, dass er jetzt schwarz ist. Oder von dem Donnervogel, der bei Gewitter über den Himmel fliegt. Oder von den Landottern, die sich dafür rächten, gejagt zu werden, indem sie Menschen, die allein im Wald sammelten, entführten, um ihre eigenen Reihen wieder

aufzufüllen. Jede Familie berief sich auf mythischen Ahnen, die von übernatürlicher Herkunft waren und mit ihrem Erscheinen auf der Erde für ihre Nachkommen bestimmte Clanzeichen, Lieder und Namen hinterließen, die nur dieser Clan verwenden durfte. Sichtbares Kennzeichen waren die hölzernen Wappenpfähle vor den Häusern, die das vorzeitliche Ereignis festhielten und immer wieder erzählbar machten.

Die eindringenden Europäer trieben zuerst an der Küste Handel und gründeten Niederlassungen, vertrieben sie aber auch durch die Inbesitznahme des Landes. Man verbreitete wissentlich Krankheiten wie die Pocken, indem man Decken aus Krankenhäusern an die Indianer verteilte. Mit der Gründung Kanadas 1867 kamen auch die Indianer der Nordwestküste unter staatliche Oberherrschaft. In Verträgen und Erlassen wurde ihnen immer mehr von ihrem Umland weggenommen, bis nur noch kleine und kleinste Reservate übrig blieben. Eine der symbolträchtigsten Maßnahmen zur "Zivilisierung" der Indianer war das 1884 erlassene Potlatchverbot. Zu seiner Durchsetzung wurden noch 1921 über 20 ranghohe Kwakiutl zu Gefängnisstrafen verurteilt. Sie kamen erst wieder frei, als sie ihre rituellen Objekte, vor allem Masken, den Behörden übergaben.

Der kommerzielle Fischfang und der Einfluss der amerikanisch-kanadischen Gesellschaft veränderten die traditionellen Strukturen erheblich. Heutzutage gibt es im Gebiet der Nordwestküste zahlreiche Fischfabriken entlang der Flüsse, in denen z.B. der Lachs verarbeitet wird. Auch in den stammeseigenen Sägewerken finden viele Indianer heute Arbeit. Das Potlatch-Verbot wurde 1951 aufgehoben. Dies war ein erster Anstoß für die seit Beginn der 70er Jahre einsetzende kulturelle Rückbesinnung. Viele Künstler haben sich auf die traditionellen Ausdrucksformen besonnen und stellen Schnitzereien, Schmuck oder Bilder her.

Das **kalifornische** Kulturareal gliedert sich in das Küstengebiet mit den zahlreichen vorgelagerten kleinen Inseln, die Ketten des Küstengebirges und das Längstal der Flüsse Sacramento und San Joaquin. Weiter im Osten schließen sich das Große Becken und die Ausläufer des Rocky Mountains an. Die Sierra Nevada mit den reichen Mischwäldern und in höheren Lagen den Redwoods bildet ein Übergangsgebiet. Im Norden sind Nadelhölzer weit verbreitet, in Mittel- und Südkalifornien Mischwälder mit Eichenarten, deren Früchte die Nahrungsgrundlage der meisten kalifornischen Stämme bildeten. Das Klima spiegelt sich in der von Süd nach Nord wandelnden Landschaft wieder: vom südlichen Wüstenklima über tropische bis gemäßigte bis alpine Verhältnisse. Tektonische Kräfte entlang des Küstenverlaufs formen die Umwelt, Wind und Wasser, Gletscher und Vulkane prägen den Küstenstreifen.

Die Tierwelt ist gemäß den vielfältigen Klimazonen entsprechend reichhaltig. In den gebirgigen Regionen leben Dickhornschafe, Elche, Pumas und Waschbären, die Wüstengebiete sind Lebensraum für Kojoten, Antilopen, Kaninchen und Roadrunner. In den Wäldern überrascht die Vielfalt an Vögeln und Kleinsäugern, die Flüsse sind reich an Fischen und Schalentieren, und eine schier unerschöpfliche Nahrungsquelle bieten Küste und Meer mit Seesäugern, Fischen, Muscheln und Tang.

Die ersten menschlichen Siedler erreichten vor ca. 9.000 Jahren das kalifornische Gebiet als Jägergesellschaften, denen durch die Vielzahl an Nahrungsquellen ein Leben ohne Landwirtschaft möglich war. Eichelmehl lieferte die Nahrungsgrundlage. Wild wurde mit Schlingen und Steinschleudern gefangen, in den Flüssen fischte man unter anderem auch mit Pflanzengiften, die die Fische betäubten. Kalifornien war zur Zeit

des Eintreffens der ersten Europäer eines der am dichtesten besiedelten Gebiete Nordamerikas. Etwa 350.000 Menschen lebten dort in kleinen dörflichen Gruppen in einer großen Vielfalt von Sprachen und Dialekten. Untereinander hielten sie Kontakt über Handels- und Heiratsbeziehungen, was aber auch kriegerische Auseinandersetzungen nicht ausschloss.

Die Siedlungen der Indianer aus runden, kuppelförmigen Reisighäusern lagen meist nahe Quellen oder Flüssen. An die Meeresküste wanderte man, um Muscheln zu sammeln oder Jagd auf Meeressäuger zu machen. Männer und Kinder gingen unbekleidet, die Frauen trugen einen Hüftschurz aus Leder oder Rinde. Bei schlechtem Wetter legten sie sich Umhänge aus Rehleder oder Kaninchenfellen um. Meist gingen sie barfuß, nur in gebirgigen Regionen trug man Sandalen aus Yucca-Fasern. Außerdem schmückte man sich mit Samenketten, Muscheln oder Federn.

Die Eroberungsgeschichte der kalifornischen Stämme ist eine der blutigsten und tragischsten auf dem nordamerikanischen Kontinent. Nach den ersten spanischen und russischen Entdeckungsfahrten im frühen 16. Jahrhundert wurden am Festland Missionen gegründet und die Indianer der umliegenden Dörfer dorthin zusammengezogen. Immer wieder kam es zu Massenkonversionen. Revolten gegen die physische, soziale und religiöse Unterdrückung der Padres wurden meist sogleich durch Soldaten niedergeschlagen. Um 1800 waren viele indianische Gruppen missioniert, die Reste der freien Indianer durch die eingeschleppten Krankheiten dezimiert oder in entferntere Gebiete geflohen. Große Teile der Kultur und Sprache gingen unwiederbringlich verloren.

In Kalifornien breiteten sich die Infektionskrankheiten zunächst in den dicht besiedelten Missionssiedlungen aus. Vorher hatte ihre weit verstreute Lebensweise die india-

nischen Gruppen vor der Gefahr geschützt. Mit den sich ausbreitenden Handelsnetzen wurden auch die Krankheitserreger weiter in das Landesinnere getragen. Man geht von 310.000 kalifornischen Indianern um 1769 aus, 1870 schätzt man die indianische Bevölkerung auf 30.000-50.000 Menschen. Die Jesuiten waren über den gravierenden Bevölkerungsrückgang schockiert. Die Indianer sahen die Missionsstationen zu Recht als Zentrum der Krankheiten und mieden die Niederlassungen.

Mit dem Einsetzen des Goldrausches 1848 breiteten sich neben den verstärkt auftretenden Krankheiten unvorstellbare Einwanderungsströme aus, die jeglichen indianischen Anspruch auf Land ignorierten. Tausende von Goldsuchern überrannten die unantastbare Indianergrenze und fielen in Kalifornien ein. Das Schicksal vieler kalifornischer Stämme ist mit diesen Ereignissen besiegelt. Wer sich dem europäischen Druck nicht beugte oder mit den Eindringlingen nicht kooperierte, wurde ausgerottet. Bemühungen, auf die desolate Situation der Indianer aufmerksam zu machen, wurden missachtet. Die Indianer blieben nur im äußersten Nordwesten von der Katastrophe weitgehend verschont, und die zugesprochenen Reservate erwiesen sich als zu wenig sicher für die Vertriebenen. Die Ethnien Kaliforniens wurden systematisch ausgerottet. Heute noch kämpfen viele der kleinen Stammesgruppen um eine staatliche Anerkennung, die ihnen Zugang zu dringend notwendiger Unterstützung bieten würde.

Wildkräutersalat

200 g essbare Wildkräuter (z.B. Knoblauchrauke, Giersch, Wiesenkerbel, etc.)

200 g Salatmischung

50 g essbare Blüten (z.B. Gänseblümchen, Kapuzinerkresse, etc.)

1 TL Honig

50 ml Essig

40 ml Sonnenblumenöl

2 TL Minzblätter

Salz & Pfeffer

- Wildkräuter waschen und trocken tupfen, Salat verlesen und waschen.
- In einer Schüssel Sonnenblumenöl, Essig und Honig vermischen, mit Salz und Pfeffer abschmecken.
- Wildkräuter und Salat in die Schüssel geben, gut durchmischen und mit den essbaren Blüten sowie der Minze garnieren.
- Tipp: Nordamerikanische Indianer sammelten essbare Wildpflanzen, wann immer es ihnen möglich war. Sammeln Sie nur Pflanzen, die nicht geschützt und sicher genießbar sind. Der Salat schmeckt auch mit käuflichen Salatmischungen gut.

(Quelle: Cox & Jacobs 1991: 211)

Blaubeer-Salatsauce

250 g Beeren (Blau- oder Brombeeren)

75 ml Balsamico-Essig

150 ml Sonnenblumenöl

1 EL Zitronensaft

1-2 EL Honig

Salz & Pfeffer (auf Wunsch)

Wasser (auf Wunsch)

- Beeren in einem hohen Gefäß mit Essig und Öl pürieren.
- Zitronensaft und Honig beigeben und gut mischen.
- Optional mit Salz und Pfeffer abschmecken.
- Auf Wunsch mit Wasser verdünnen.
- Tipp: Passt zu Blatt- und Fruchtsalaten.

(Quelle: Centers for Disease Control and Prevention 2013 Part I: 37)

Wet'suwet'en Cranberry-Sauce

500 g frische Cranberries

200 ml Ahornsirup

100 ml Birkenwasser (oder Wasser) (siehe Bezugsquellen)

- Cranberries verlesen und kurz abbrausen.
- Zusammen mit dem Ahornsirup und dem (Birken-)Wasser in einem tiefen Topf zum Kochen bringen, dabei regelmäßig umrühren.
- Auf kleiner Flamme ca. 20-30 Minuten kochen lassen, bis die Beeren weich sind und die Sauce dick wie Marmelade ist.
- Gekühlt oder bei Raumtemperatur servieren.
- Tipp: Passt sehr gut zu dunklem Fleisch, aber auch zu Geflügel, Fisch oder herzhaftem Käse.

(Quelle: George Jr. & Gairns 2010: 86)

Der Lachs

Der Lachs spielte mit seinem rätselhaften natürlichen Lebenskreislauf in der Region eine besondere Rolle in der Ernährung und Religion. Es werden fünf Arten pazifischer Lachse unterschieden: der große Königs- oder Frühlingslachs mit bis zu 45 kg, der Hundslachs mit etwa 5 kg, der Silberlachs mit 4 kg, der Rot- oder Sockeyelachs um 3 kg und der Rosa- oder Buckellachs mit 2,5 kg. Am zuverlässigsten kehrt der Rotlachs wieder, der vom Hochsommer bis in den Herbst vom Meer in die Oberläufe der Flüsse hinaufsteigt. Die meisten Lachsarten sterben danach vor Erschöpfung.

Die Lachse wurden mit Angelhaken, Fischspeeren, Harpunen, Fangnetzen und Reusen gefangen. Bei den indianischen Gruppen bestand der Glaube, dass die Lachse unsterbliche Meeresbewohner sind, die im Pazifik in einem großen Haus leben. Im Frühling ziehen sie sich ihre Lachskleider über, um sich den Menschen als Nahrung anzubieten. Wenn die Menschen die vollständigen Fischskelette ins Wasser zurückgeben, werden diese ins Meer hinaus gespült. So können sich die Lachsseelen im großen Meereshaus wieder in Lachsmenschen zurückverwandeln, damit der Kreislauf im nächsten Jahr von vorne beginnt.

Die Verhältnisse haben sich in den vergangenen 100 Jahren sehr geändert. Zwar leben die Gruppen immer noch vom Fischfang, doch haben Beschränkungen ihrer Fischereirechte sowie der kommerzielle Fischfang die Einkommenslage verschlechtert. Gegen die Beschneidung ihrer Rechte fechten sie seit Jahrzehnten in komplizierten und teuren Gerichtsverfahren. Mit eigenen Fischzuchtanstalten einerseits und politisch-rechtlichen Schritten gegen die Zerstörung ihres Lebensraumes anderseits versuchen die Indianer die drohende ökologische und damit auch soziale und wirtschaftliche Katastrophe zu verhindern.

Lachssuppe

800 ml Fischfond

250 g geräucherter Lachs

1 Frühlingszwiebel

100 g Brunnenkresse

100 g kleinblättriger frischer Spinat

Salz & Pfeffer

- Fischfond in einem Topf erhitzen, Frühlingszwiebel in schmale Ringe und Lachs in Stücke schneiden. Frühlingszwiebel und Lachs zum Fischfond geben, zum Kochen bringen.
- Bei niedriger Hitze 15 Minuten köcheln lassen, mit Salz und Pfeffer würzen.
- Spinatblätter und Brunnenkresse hinzugeben, weitere 5 Minuten köcheln lassen.

(Quelle: Cox & Jacobs 1991: 206)

Suppe mit Meeresfrüchten

100 g Fischfilets (Heilbutt, etc.)
100 g frische Miesmuscheln
100 g frische Krabben/Shrimps
500 ml Wasser
1 Dose stückige Tomaten
20 g getrockneter Seetang (auf Wunsch)
Salz & Pfeffer

- Wasser in einem großen Topf erhitzen, salzen und Muscheln und Shrimps darin etwa 5 Minuten kochen. Kochflüssigkeit abgießen und etwa 100 ml davon aufheben. Schalen von den Muscheln und Shrimps entfernen. Muscheln, die sich beim Kochen nicht geöffnet haben, entfernen.
- Fischfilets in Stücke schneiden, mit Muscheln und Shrimps in einen Topf geben, 100 ml der Kochflüssigkeit und Tomaten hinzugeben. Auf schwacher Hitze 5 Minuten köcheln lassen, auf Wunsch mit dem getrockneten Seetang garnieren.

(Quelle: Watts 2007: 54)

Die **Chia Café Collective** ist ein Zusammenschluss von indigenen Aktivisten und weiteren Interessierten, die nach langjähriger Erfahrung mit der traditionellen südkalifornischen Küche beschlossen, ein umfassendes Projekt ins Leben zu rufen. Die Mitglieder unterrichten in Schulen und an Workshops das Sammeln von Pflanzen wie Chia, Eicheln, Mesquite, Nopales, Cholla, Kaktusfrüchte und Hagebutten sowie deren Verarbeitung. An verschiedenen Museen werden ihre Aktionen ebenso dem Publikum präsentiert wie auf der entlegenen Catalina Island. Ein weiteres Ergebnis ist „Cooking the Native Way" (2018), eine wunderschön illustrierte Sammlung von Geschichten und Rezepten, die trotz ungewöhnlicher Zutaten zum Nachmachen reizen.

Potlatch

Adelige Familien an der Nordwestküste gaben zu besonderen Anlässen wie der Geburt eines Kindes, zu einer Hochzeit, zum Bau eines neuen Hauses oder nach einem Sterbefall ein großes Fest, das „Potlatch" genannt wurde. Das Wort bedeutete „geben" in der Handelssprache Chinook. Bei diesem Verdienst- oder Gedenkfest werden Geschenke an alle anwesenden Gäste verteilt. Bei einem solchen Fest half die gesamte Familiengruppe, um unglaubliche Mengen an Essen, Masken, Kleidung, Geschirr und wertvollen Gegenständen zusammen zu bekommen. Der Anführer der Familiengruppe zeigte stellvertretend seinen Reichtum, seine Großzügigkeit und erwarb dadurch Ehre. Neben Gütern des täglichen Gebrauchs wurden auch besondere Prestigeobjekte wie geschnitzte und bemalte Löffel, Schalen und Kisten speziell hergestellt und verschenkt oder sogar zerstört. Die wertvollsten Gegenstände waren große hölzerne Kanus und gehämmerte bemalte Kupferplatten, die sorgfältig verziert waren und nach jedem Besitzerwechsel im Wert stiegen. Entweder warf man sie ins Meer oder zerbrach sie nach festgelegten Regeln in einzelne Teile: zuerst rechts oben, dann links unten, dann links oben und zuletzt rechts unten. Besonders großzügig war es, wenn man jemandem Geschenke gab, der zu arm war, diese zu erwidern. Außerdem wurden bei einem Potlatch Sklaven freigelassen, was einen dauerhaften Verlust darstellte.

Vor allem, als die Europäer neue Waren in den Handelskreislauf einbrachten, nahmen die Verschenkfeste ein zerstörerisches Ausmaß an. Die Europäer, die in dem Potlatch eine generelle Verschwendung sahen, verboten das Fest in den frühen 1880er Jahren in Kanada. Um etwa 1950 wurde das Verbot wieder aufgehoben, seitdem wird versucht, das Fest in traditioneller Weise wiederzubeleben.

Lachseier der Suquamish

12 hartgekochte Eier

100 g geräucherter Lachs

1 EL Mayonnaise

1 TL mittelscharfer Senf

½ TL Meerrettich

Paprika-Pulver

Salz & Pfeffer

Frische Kräuter zum Garnieren

- Hartgekochte Eier schälen und längs halbieren. Den Lachs in feine Stücke schneiden. Das Eigelb herausnehmen und mit dem Lachs vermengen, Mayonnaise und Senf hinzufügen und gut vermischen. Mit Paprika-Pulver, Salz und Pfeffer würzen.
- Die Ei-Lachs-Mischung vorsichtig wieder in die Ei-Hälften löffeln. Mit Kräutern garnieren und bis zum Servieren kühl stellen.
- Das Rezept ist Teil des Suquamish Traditional Plants Program. Die Suquamish verwendeten früher statt Hühnereiern Möwen- oder Enteneier.

(Quelle: Centers for Disease Control and Prevention 2013 Part I: 3)

Shrimphappen

250 g Shrimps ohne Schalen

1 kleine Zwiebel

1 Stangensellerie

350 g Weizenmehl

2 Eier

2 TL Backpulver

50 ml Wasser

Salz & Pfeffer

50 ml Sonnenblumenöl

- Shrimps, Zwiebel und Stangensellerie in kleine Stücke schneiden, mischen.
- Backpulver, die zwei Eier, das Mehl und das Wasser vorsichtig unterheben, bis ein geschmeidiger Teig entsteht. Mit Salz und Pfeffer würzen.
- Den Teig 1 Std. ruhen lassen.
- Sonnenblumenöl in einem tiefen Topf erhitzen, den Teig mit einem Esslöffel in Portionen teilen und von beiden Seiten im Öl goldbraun backen.

(Quelle: George Jr. & Gairns 2010: 62)

Lachsbällchen

500 g Lachsfilet

100 ml Mayonnaise

1 TL Senf

50 g Sauerrahm

1 Ei

50 g Meerrettich

½ TL Cayennepfeffer

50 g Paniermehl

Salz & Pfeffer (Auf Wunsch Dill)

50 ml Pflanzenöl

- Den Ofen auf 200°C vorheizen. Den Lachs auf Backpapier legen und etwa 10 Minuten backen. Abkühlen lassen und dann mit einer Gabel zerdrücken.
- In einer Schüssel Mayonnaise, Senf, Sauerrahm, Ei und Meerrettich verrühren. Lachs hinzugeben und gut durchmischen. Mit Cayennepfeffer, Salz, Pfeffer und auf Wunsch mit Dill würzen.
- Aus der Mischung 8-10 Bällchen formen. Pflanzenöl in einer tiefen Pfanne erhitzen und die Bällchen darin goldgelb frittieren.
- Lachsbällchen schmecken gut mit Wet'suwet'en Cranberry-Sauce (Seite 141).

(Quelle: Hetzler 2010: 95)

Wet'suwet'en
Cranberry-Sauce
Inhalt:
Cranberries (Kanada)
Ahornsirup (Kanada)
Wasser

Eichelernte

Die verschiedenen Eichenarten und ihr zuverlässiger jährlicher Ertrag waren für viele indianische Gruppen Kaliforniens, des Großen Beckens und des Südwestens eine wichtige Lebensgrundlage. Die Eicheln wurden gesammelt, sobald sie mit Kappe vom Baum fielen. Danach trocknete man sie bis zu einem Jahr und schälte sie. Die feine Haut um die Eichel wurde entfernt, danach mahlte man sie und siebte das Mehl.

Um die unverträglichen Gerbstoffe wie Tannin auszuwaschen, gruben die Indianer Kaliforniens eine Mulde in den sandigen Boden und strichen das Mehl darin aus. Über das Mehl legten sie Nadelzweige und gossen danach Wasser darüber. Das Wasser wusch die Gerbstoffe aus, die im Boden versickerten. Schmeckte das Mehl nicht länger bitter, so wurde es vorsichtig aus der Grube gelöffelt und konnte zum Kochen verschiedenster Gerichte verwendet werden.

Eichelmehl bei uns herzustellen ist ebenfalls kein Problem. Ab Mitte August, wenn die Eicheln reif sind, können sie gesammelt werden. Nur einwandfreie Eicheln ohne Wurmlöcher sammeln! Eicheln kurz abwaschen und auf ein mit Backpapier belegtes Blech legen, etwa 10-15 Minuten im Ofen bei 180°C rösten. Dadurch platzen die Schalen auf, die nach dem Abkühlen entfernt werden können. Eicheln grob hacken. Die Eichelstücke in einen tiefen Topf geben und vollständig mit Wasser bedecken, zum Kochen bringen. Das Wasser immer wieder abgießen und frisches auffüllen. Wenn das Wasser klar bleibt und die Eicheln nicht mehr bitter schmecken, sind die Gerbstoffe ausgewaschen. Die Eicheln nun auf ein mit Backpapier belegtes Backblech ausstreichen und bei 50°C und leicht geöffnetem Backofen, damit die Feuchtigkeit entweichen kann, vollständig trocknen lassen. Die gehackten Eicheln in einer Mühle zu Mehl mahlen und trocken aufbewahren.

Eichel-Wildpfanne

500 g gewürfeltes Reh- oder Rindfleisch

1 Zwiebel

75 g feines Eichelmehl (Zubereitung siehe S. 152)

200 ml Wasser

Salz & Pfeffer

- Zwiebel würfeln und in etwas Öl glasig dünsten. Fleisch hinzugeben, anbraten und mit Wasser bedecken. Bei geringer Hitze schmoren lassen, bis das Fleisch fast zerfällt.
- Das Fleisch aus der Sauce nehmen, etwas abkühlen lassen und in feine Stücke schneiden. Das Eichelmehl in die Sauce sieben.
- Fleisch zurück in die Sauce geben, mit Salz und Pfeffer abschmecken. Erhitzen, bis die Sauce eingedickt ist und warm servieren.

(Quelle:http://www.thepeoplespaths.net/NAIFood/acorns.htm)

Kanincheneintopf

400 ml Brühe

1 EL Sonnenblumenöl

250 g Kaninchen (Vorder- oder Hinterviertel)

1 Stange Lauch

2 Karotten

500 g Kartoffeln

1 Zwiebel

2 Knoblauchzehen

1 Chilischote

4 Lorbeerblätter

Je ¼ TL getrockneter Majoran und Oregano

1 TL Koriander

Salz & Pfeffer

- Öl in einem tiefen Topf erhitzen und Kaninchenstücke darin anbraten. Dann Zwiebeln, Knoblauch, Lauch und Karotten fein schneiden und hinzugeben, Chili häuten und entkernen, ebenfalls fein schneiden und beifügen. Etwa 5 Minuten unter Rühren anbraten.
- Brühe hinzufügen, Lorbeerblätter, Majoran und Oregano beigeben und aufkochen lassen. Etwa 1 Std. simmern lassen.
- Kartoffeln geschält und gewürfelt hinzufügen, weitere 30 Min. kochen lassen und mit Bannock (Seite 156) servieren.

(Quelle: Divina 2004: 84)

Kaninchen spielten in der Ernährung vieler indianischer Gruppen eine wichtige Rolle, da sie zahlreich waren und darüber hinaus warme Pelze für den Winter lieferten. Vor allem in Kalifornien und im Great Basin waren sie eine wichtige Proteinquelle. Kaninchen wurden im Spätherbst in gemeinschaftlichen Unternehmungen unter der Leitung eines „Rabbit Boss", einem fähigen Jäger, in Netze getrieben. Dieser Jagdleiter war oft nicht nur geschickt und erfahren, er stellte auch den notwendigen übernatürlichen Kontakt her, der für den Erfolg der Jagd unerlässlich war. Diese „Nahrungshäuptlinge" waren weitgehend unabhängig von den ständigen Anführern. Auch heute noch werden zum Beispiel bei den Washoe saisonal Kaninchentreibjagden durchgeführt.

Bannock

500 g Weizenmehl

2 TL Backpulver

1 TL Zucker

½ TL Salz

1 TL warme Butter

250 ml Wasser oder Milch

- Mehl, Backpulver, Zucker und Salz in einer großen Schüssel vermischen. Warme Butter und Wasser/Milch hinzufügen und zu einem festen Teig verkneten. Teig in zwei Hälften teilen und eine Hälfte in eine leicht eingefetteten Pfanne auf etwa 1,5 cm flach drücken.
- Bei leichter Hitze auf dem Herd backen lassen, gelegentlich wenden, bis beide Oberseiten leicht gebräunt sind. Mit der anderen Hälfte ebenso verfahren. Gelingt auch auf dem offenen Feuer.

Oder:

- Teig zu zwei Fladen auf etwa 2cm flach drücken. Im vorgeheizten Backofen bei etwa 180°C backen, bis die Oberseite leicht gebräunt ist. Zwischendrin wenden.

(Quelle: George & Gairns 2010: 78, 79)

"Beedi Yalumina" – „Don´t Give Up!"

Jahrtausendelang lebten die Wintu Nordkaliforniens im Gebiet des oberen Sacramento-Tals und im Bergland am Oberlauf der heute Sacramento, Trinity und McCloud genannten Flüsse. Da die Wintu die Natur intakt ließen und alle Nahrungsquellen nutzten, konnten sie sich vor Ort zu jeder Jahreszeit selbst versorgen und auch Vorräte für den Winter anlegen. Chinook-Lachse zogen zu Abertausenden auf ihrer Wanderung vom Pazifik die Flüsse hinauf, um zu laichen und bildeten neben einer Vielfalt von Pflanzen, insbesondere den Früchten von ca. 10 Eichen-Arten (für Brei und Fladenbrot), eine Nahrungsgrundlage. Wild und Geflügel gab es im Überfluss. Die junge Generation lernte von den Älteren Jagen, Fischen und Pflanzen zu sammeln sowie alles zu verarbeiten und lernte gleichzeitig die Bezeichnungen dafür. Das erste selbst erlegte Wild konnte der jungen Jäger nicht selbst essen. Grashüpfer wurden gekocht, geröstet, oder getrocknet. Insekten gehören heute noch zum Speiseplan vieler indigener Völker. Es gab Pinien-Kerne, Haselnüsse, 14 Klee-Sorten, „indianischen Rhabarber", wilden Spinat und Zwiebeln, Wasserlilien, Erbsen, Wasserkresse, über ein Dutzend essbare Knollen, Waldbeeren wie Salal- und Service-berries, wilde Obstsorten wie Äpfel, Kirschen, Trauben und Pflaumen. Aus Manzanita-Früchten stellte man Cidre her, Limonade aus Beeren des „aromatic sumac". Tees wurden aus Kiefernnadeln, Pfefferminze, Yerba-Buena und Hagebutte, Kaffee (mit Kakaogeschmack) aus kalifornischem Lorbeer gebraut. „Sugar-Pine"-Harz wurde als Süßmittel verwendet und als Süßigkeit gegessen. Dünne Streifen der nahrhaften inneren Baumrinde der „Yellow Pine" wurden besonders in harten Wintern gegessen, gekocht oder als Chips geröstet. Die zu Brei verarbeiteten Körner des in großen Beständen vorkommenden „Purple Needle Grass" wurden, mit Sonnenblumenkernen gemischt, geknetet und über der Glut zu einem schmackhaften Brot gebacken. Samen vieler anderer Pflanzen wie Butterblume, Salbei oder eine Asternart dienten, geröstet und zerstoßen, als Grundlage für Getränke und Speisen. Natürlich gewonnenes Salz wurde sparsam verwendet.

Diese Zeit der Nahrungssouveränität fand ein jähes Ende: Etwa um 1840 begann die massive Invasion weißer Einwanderer. Viehbesitzer verhinderten den freien Zugang zum Land, die Rinderherden zerstörten die Nahrungsressourcen der Wintu. Goldsucher verseuchten die Flüsse; durch Zwangsumsiedlungen, Kopfgeldjagd und Massaker durch Siedler sowie Angriffe durch die US-Armee wurden die Wintu innerhalb weniger Jahrzehnte bis auf einige hundert Menschen ausgerottet. Durch den Bau des Shasta-Staudammes in den 1940er Jahren wurde ihr Hauptwohngebiet unter

Wasser gesetzt. Mehr als jeder andere Faktor führte dies zur Zerschlagung der Kultur. Kinder wurden in Umerziehungsschulen gesteckt, der Gebrauch der Muttersprache wurde bestraft. Die Weitergabe an die nächste Generation war unterbrochen. Nicht wenige in den Wortlisten früherer Forscher erwähnte Wintu-Pflanzennamen (wiedergegeben als „small edible plant with round leaves", etc.) wurden nie vor Ort botanisch identifiziert. Ohne Älteste, die Wintu als Erstsprache erlernt hatten, ist dies nicht mehr möglich. Nur ein Teil lässt sich durch Suche in Universitätsarchiven, durch Befragung von Biologen, oder durch Wikipedia-Artikel im aufwendigen Ausschlussverfahren den Wintu-Wörtern zuordnen. 1994 waren nur noch zwei Sprecher übriggeblieben, die 1997 und 2003 gestorben sind. Die Enkelgeneration war alarmiert und hochmotiviert, die Sprache zu erhalten. Seitdem arbeitet der Stamm mit dem Linguisten Stefan Liedtke an der Revitalisierung der Sprache. Das Wörterbuch wird eines der ersten Englisch-Indianischen sein; bisher gibt es fast ausschließlich Indianisch-Englische für ein akademisches Publikum. Jetzt steht der praktische Nutzen für die betroffene Gemeinschaft im Vordergrund. Und: es wird das erste „kulturelle" Wörterbuch – jeder Eintrag liefert nicht nur das indianische Wort (z.B. Pflanzenname), sondern bietet durch Zusatzinfos ein Fenster in die gesamte Kultur (z.B. Gebrauch einer Pflanze – bis hin zu Rezepten). Der Stamm begrenzt seinen Aktivismus heute nicht nur auf die Rettung der eigenen Sprache sondern kämpft insbesondere gegen die weitere Zerstörung von Land, um Nahrungsunabhängigkeit, Zugang auch zu Medizinpflanzen und für die Wiederansiedlung des einheimischen Lachses. Mehr Informationen über das Projekt **„Beedi Yalumina"** („Don´t Give Up!") auf:
www.winnememwintu.us

Eichelbrot

6 EL Maismehl

125 ml kaltes Wasser

250 ml heißes Wasser

1 TL Salz

1 EL Butter

1 Tütchen Trockenhefe (42 g)

250 g gekochte, zerdrückte Kartoffeln

500 g Weizenmehl

500 g Eichelmehl (Zubereitung siehe S. 152)

- Maismehl mit kaltem Wasser vermischen, dann heißes Wasser unter ständigem Rühren hinzugeben. Salz und Butter hinzufügen, gut verrühren, dann die Hefe hinzugeben.
- Zerdrückte Kartoffeln, Weizen- und Eichelmehl zu der Maismischung geben und zu einem festen Teig kneten.
- Den Teig zugedeckt an einem warmen Ort etwa 45 Minuten ruhen lassen, gegen Ende der Ruhezeit den Backofen vorheizen. Den Teig nochmals gut durchkneten, in zwei Laibe formen und bei 180°C etwa 45 Minuten backen lassen.

(Quelle: http://www.thepeoplespaths.net/NAIFood/acorns.htm)

Eichelkekse

150 g Eichelmehl (Zubereitung siehe S. 152)

75 g Weizenmehl

1 TL Backpulver

1/3 TL Salz

1 EL Honig

1 Ei

175 ml Milch

3 EL geschmolzene Butter

- Eichelmehl, Weizenmehl, Salz und Backpulver mischen.
- Honig, Milch und das Ei hinzugeben, gut vermischen. Zum Schluss die geschmolzene Butter unterrühren.
- Den Teig zu kleinen Kugeln formen und auf einem mit Backpapier belegen Backblech flachdrücken. Bei 180°C etwa 15 Minuten backen. Wenn nötig, die Kekse in der Hälfte der Backzeit umdrehen.

(Quelle: http://www.thepeoplespaths.net/NAIFood/acorns.htm)

Pochierte Erdbeeren

6 TL Honig

1 kg Erdbeeren, frisch oder tiefgekühlt

200 ml Wasser

- Honig im Wasser auflösen. Das Honigwasser in einem Topf aufkochen lassen und bei mittlerer Temperatur ca. 5 Minuten kochen lassen.
- Erdbeeren in den Sirup geben und etwa 5 Minuten lang köcheln lassen.
- Herdplatte ausschalten und Erdbeeren im Sirup etwas abkühlen lassen. Lauwarm oder kalt servieren.
- Dazu passt Vanillepudding oder –eis.

(Quelle: Waldmann & Zerbst: 1995: 59)

Brombeersaft/-sirup

500 g Brombeeren (frisch oder tiefgefroren)

1 unbehandelte Zitrone

500 ml Wasser

(für den Sirup 250 g Zucker)

- Frische Brombeeren waschen, gefrorene Beeren auftauen.
- Zitrone in feine Scheiben schneiden.
- Beeren mit Zitronen und Wasser in eine Schüssel geben, alle Früchte mit den Händen oder einem Kartoffelstampfer gut zerdrücken.
- Flüssigkeit 12 Stunden stehen lassen.
- Nach der Ruhezeit Früchte nochmals gut ausdrücken, durch ein feinmaschiges Sieb in eine Kanne geben.
- Saft hält sich im Kühlschrank etwa 3 Tage.
- Für Sirup den Saft in einen Kochtopf geben, Zucker hinzufügen und gut verrühren.
- Saft auf 80°-85°C erhitzen, nicht kochen.
- Heiß in sterile Flaschen einfüllen und gut verschließen.

Labradortee

2 EL getrockneten Labradortee

(*Rhododendron tomentosum* , *groenlandicum* oder *neoglandulo-sum)* (siehe Bezugsquellen)

½ l kochendes Wasser

Ahornsirup (optional)

- Getrockneten Labradortee in eine Kanne geben und mit dem kochenden Wasser übergießen.
- Etwa 10 Minuten ziehen lassen, dann die Blätter abseihen.
- Den Tee auf Wunsch mit Ahornsirup süßen.

Der arktische Kulturraum Nordamerikas umschließt das Gebiet der Küsten des heutigen Alaskas, Nordkanadas und wenige Teile der Küste Grönlands. Er wird auch heute noch hauptsächlich von den Gruppen der Inuit und der Aleuten bewohnt. Die Trennungslinie zwischen Arktis und Subarktis ist identisch mit der Baumgrenze. Die Bewohner der Arktis, die Inuit, sprechen eine einheitliche Sprache, die nur im äußersten Westen, in Alaska und auf den Aleuten, starke Dialektunterschiede aufweist. Im hohen Norden wird der kurze, dreimonatige Sommer von einem langen, dunklen Winter umschlossen. Der permanent gefrorene Boden dieses Gebietes ist mit Flechten und Moosen bewachsen. Taut der Dauerfrostboden im Sommer oberfläch-lich auf, so entstehen Moore und Sümpfe in der Tundra, auf der niedrige Sträucher und Flechten wachsen. Die Küsten sind bis zu sieben Monate lang vereist. Es gibt wenige Landsäugetiere wie Rentiere, Moschusochsen, Polarfüchse, Wölfe und Braunbären, sowie Kleintiere wie Ziesel, Lemminge und Mäuse. Sehr viele Vogelarten sind vor allem an der Küste zu finden, wo Meeressäuger zusätzlich Nahrung für den Menschen bieten.

Die Bevölkerungsgruppe der Inuit gehört nicht nur zu einer anderen Sprachfamilie sondern auch zu einer späteren Einwanderungswelle als die nordamerikanischen Indianer. Sie gelangten nach einhelliger archäologischer Auffassung mindestens 12.000 Jahre später als die ersten paläoindianischen Gruppen auf den amerikanischen Kontinent.

Der Begriff „Eskimo" bedeutet eigentlich „Rohfleischfresser" und ist eine typische Feindbezeichnung, die die arktischen Lebensgemeinschaften von ihren subarktischen Nachbarn erhielten.

Da der Begriff „Eskimo" teilweise abwertend empfunden wird, gibt es Bestrebungen, diese Bezeichnung generell durch „Inuit" oder Stammesnamen zu ersetzen. Die Sprache der Inuit ist Inuktitut (Nordostkanada und Grönland) und Inuinnaqtun (arktisches Zentralkanada). „Inuit" ist Inuktitut und bedeutet „Menschen"; die Einzahl lautet „Inuk" (Mensch), zwei Menschen sind „Inuuk". Als Inuit bezeichnen sich diejenigen eskimoischen Volksgruppen, die im arktischen Zentral- und Nordostkanada sowie auf Grönland leben.

Die Gruppen lebten bis vor etwa 60 Jahren in kleinen Einheiten von fünf bis acht Familien ausschließlich als Jäger und Sammler. Ihre primäre Behausung wurde je nach Region und verfügbarem Material aus Treibholz, Steinen, Walbarten, Fellen und Rasenziegeln hergestellt. Nur manche Gruppen bewohnten sogenannte Iglus, Schneehütten. Im Innern der Häuser brannte eine aus Speckstein geschnittene

Kochlampe, die mit Öl von Meeressäugern befeuert wurde. Der Boden war fellbelegt. Die Sommerbehausung war ein aus Karibufellen bedecktes Zelt. Auf dem Meer bewegten sich entweder die Männer zur Jagd in Kajaks, oder in großen Reisebooten, den Umiaks, die von Frauen gerudert wurden. An Land bediente man sich eines von Hunden gezogenen Kufenschlitten (Qamutik). Man konnte mit ihnen am Tag bis zu 150 km zurücklegen. Im Sommer wurden die Hunde als Tragetiere benutzt. In der rauen Umgebung war die Jagd überlebenswichtig und das erbeutete Fleisch der Karibus und Meeressäuger Nahrungsgrundlage. Deshalb war auch die Familiengründung selbstverständlich, denn kein Mann und keine Frau konnten alleine überleben. Die Anfertigung von wärmender Kleidung war die Aufgabe der Frauen und damit ebenso lebenswichtig wie die Jagd. Dabei hatte die Herstellung der Fellbekleidung ein hohes Niveau erreicht. Frauen und Männer trugen

Jacken, Hosen und Stiefel aus Pelz.

Die Jagd war gefährlich und verlangte den Jägern alles ab. Stundenlang harrten die Männer bewegungslos vor den Atemlöchern der Robben aus, um dann im richtigen Moment mit der Harpune zustoßen zu können. Die Fahrt auf dem Meer konnte durch einen plötzlichen Wetterumschwung lebensbedrohlich werden.

Vor und während der Jagd waren bestimmte Jagdrituale einzuhalten. Sie dienten dem Jäger und den Angehörigen zur Sicherung eines erfolgreichen Beutezugs, und zur Erhaltung des Wohlwollens der Beutetiere und der sie umgebenden Geister. Dazu mussten die Waffen auf eine bestimmte Art und Weise behandelt werden, das Wild wird mit bestimmten Zaubersprüchen gebannt oder durch Pfeifen, Rufe oder bestimmte Kräuter herbeigelockt.

Das erlegte Jagdwild musste mit Entschuldigungsgesten, Geschenken, Nahrungsmitteln und Wasser versöhnt werden. Das gesamte Tier sollte komplett verbraucht werden, damit die Herrin der Tiere nicht erzürnt wurde. Die Knochen der Tiere wurden aufbewahrt oder bestattet. Wenn die Jäger kein Wild fanden, hatten sie vielleicht unwissentlich eines der Jagdrituale verletzt. Dies herauszufinden, war Aufgabe des Schamanen, eines religiösen Spezialisten für Jenseitsreisen. Er konnte in die jenseitige Welt eindringen und nach dem Grund für die Misserfolge forschen. Aufgrund seiner Schilderung konnten dann Gegenmaßnahmen ergriffen werden. Er half auch bei Krankheiten und beeinflusste das Wetter. Darüber hinaus war er Sänger und der Hüter religiöser Traditionen.

Seit dem 2. Weltkrieg unterlag die Inuit-Kultur starken Umwälzungen: Das mobile Leben ist seit Ende der 1960er Jahre vorbei, und die Inuit bewohnen nun im Süden Kanadas vorgefertigte Siedlungshäuser. Schlittenhunde wurden durch Schneemobile, Kajak und Umiak durch fabrikgefertigte

Kanus mit Außenbordmotoren abgelöst, und Sommerreisen werden nicht mehr zu Fuß, sondern mit dem ATV (All-Terrain Vehicle) unternommen. Die Jagd auf Grönlandwale findet aufgrund internationaler Schutzmaßnahmen nur noch selten nach strengen staatlichen Regeln zur Aufrechterhaltung von Tradition statt. Im eigenständigen Territorium Nunavut dürfen innerhalb von zehn Jahren insgesamt nur fünf Grönlandwale erlegt werden.

Ebenso hat sich die Ernährungsweise geändert. Längst nicht mehr alle Inuit-Gemeinschaften haben Zugang zu Robben- oder Walfleisch. Viele traditionelle Rezepte werden nun mit Schweinespeck oder Rindfleisch gekocht. Die veränderte Ernährung zeigt sich vor allem in den Angeboten der Supermärkte, die Sojasauce, Nudeln und Süßwaren führen. Die ungewohnte Nahrung führte nicht nur zu einer Entfremdung von der eigenen Kultur sondern auch bei vielen Jugendlichen und jungen Erwachsenen zu einer steigenden Anzahl von Lebensmittelunverträglichkeiten, Diabetes-Erkrankungen oder Übergewicht.

Eine positive Entwicklung sowohl auf wirtschaftlichem wie auf kulturellem Gebiet erhoffen sich die Inuit im Nordosten Kanadas von der Bildung des Territoriums Nunavut, das seit 1. April 1999 besteht und von den Inuit selbst verwaltet wird. Besonderer Wert wird hier auch auf die Pflege von Inuit-Tradition gelegt. Als sehr bedeutsames Problem wird die globale Erwärmung angesehen, die nicht nur das traditionelle Leben der Inuit wesentlich zu verändern scheint, sondern auch Tier- und Pflanzenwelt stark beeinflusst. Ganze Küstenstriche werden durch den Meeresspiegelanstieg und das mildere Klima unterspült und die Küstensiedlungen zerstört.

Winterfruchtsalat

75 g Zucker

125 ml Zitronensaft

2 TL Zwiebelwürfel

1 TL Senf

½ TL Salz

180 ml Öl

1 EL Mohnsamen

1 Kopf grüner Salat, in Stücke geschnitten

50 g geriebener Cheddar

100 g Cashewkerne

25 g getrocknete Cranberries (siehe Bezugsquellen)

1 Apfel, in Würfel geschnitten

1 Birne, in Würfel geschnitten

150 g gemischte Beeren

- Zucker, Zitronensaft, Zwiebelwürfel, Senf und Salz in einem Mixer verrühren, das Öl und kurz vor Schluss die Mohnsamen hinzugeben.
- In eine Salatschüssel den Salat, den geriebenen Käse, die Cashewkerne, die getrockneten Cranberries, die Obstwürfel und die Beerenmischung geben und leicht vermischen. Salatsauce über den Salat geben und gut mischen.

(Quelle: http://www.icor.inuuqatigiit.ca/explore-our-culture)

In einer Umgebung, in der der Anbau von Pflanzen nicht möglich war, waren Beeren eine willkommene Abwechslung und Delikatesse. Im kurzen arktischen Sommer reiften Beeren wie Krähenbeeren, Moltebeeren, Prachthimbeeren, wilde Blaubeeren und Cranberries. Das Sammeln der Beeren war gewöhnlich die Aufgabe der Frauen und Mädchen. Die Beeren wurden den Gerichten beigegeben, als Vorrat aufbewahrt oder mit Fett gemischt. Von vielen Beerensträuchern wurden allerdings auch die Blätter und Wurzeln gesammelt, da sie als Aufguss gegen Nieren- und Magenbeschwerden oder Durchfall halfen.

Heißer Krabbendip

200 g Frischkäse

1 EL Milch

125 g Kaltwassercrevetten, in Salzlake

2 EL feingehackte Zwiebeln

½ TL geriebener Meerrettich

Salz & Pfeffer

Mandeln zum Garnieren

Cracker/Toastbrot zum Servieren

- Frischkäse und Milch in einer Schüssel verrühren.
- Crevetten fein schneiden und mit den Zwiebeln und dem Meerrettich unter den Frischkäse mischen.
- Mit Salz und Pfeffer abschmecken. In eine feuerfeste Form geben, mit grob gehackten Mandeln bestreuen.
- Bei 180°C etwa 15 Minuten im Ofen backen, bis die Oberfläche leicht gebräunt ist.
- Warm mit Crackern oder Toastbrot servieren.

(Quelle: Babcock & Shaw 1988: 42)

Clam-Chowder der Aleuten

1 TL Sonnenblumenöl

1 TL Speckwürfel

500 ml Brühe

1 Frühlingszwiebel, fein geschnitten

4-6 Kartoffeln, geschält und in Stücke geschnitten

200 g Muscheln, ohne Schale und gesäubert

200 g Shrimps oder Krabben, geschält

200 ml Sahne

1 EL Estragonblätter

Salz & Pfeffer

- Öl und Speckwürfel in einem tiefen Topf erhitzen, dann die Frühlingszwiebel, Brühe und Kartoffeln hinzugeben. Eintopf zum Kochen bringen und 15-20 Minuten köcheln lassen, bis die Kartoffeln weich sind.
- Muscheln und Shrimps oder Krabben hinzugeben, weitere 5 Minuten köcheln lassen.
- Nun Sahne und Estragon hinzugeben, mit Salz und Pfeffer abschmecken, warm servieren.
- Tipp: Muscheln und Krabben können durch Fisch, Austern, Krebse, etc. ersetzt werden. Sahne zu dem Rezept zu verwenden, ist das Ergebnis russischer Kontakte. Fein dazu ist frisches Brot mit Butter.

(Quelle: Divina 2004: 60)

Die Inuit-Olympiade

Der arktische Winter ist lang, kalt und dunkel. Die Inuit verbrachten ihn früher hauptsächlich in ihren warmen Winterhäusern, die halb in den Boden gegraben waren. Wenn das Wetter schlecht war, saß die Familie oft tagelang in ihrem Erdhaus und ernährte sich von ihren Vorräten. Es konnte sehr langweilig werden und zu Streitigkeiten kommen. Vor allem die Jäger und die Kinder wurden unruhig und wollten sich bewegen. Die Jäger durften durch das lange Herumsitzen nicht an Kraft und Geschicklichkeit verlieren. Wettspiele, das Erzählen von Geschichten, Singwettbewerbe oder auch freundschaftliches Kräftemessen konnten die lange Zeit verkürzen. Die Umialiks, die Anführer der Waljagd, konnten sich bei diesen Wettkämpfen die kräftigsten, schnellsten, gelenkigsten und ausdauerndsten Männer für ihre Boote auswählen.

Heute ist die Situation durch moderne Medien und veränderte Nahrungsbedingungen zwar anders, doch die Wettstreite sowie die alten Traditionen der Inuit und Indianer werden immer noch aufrecht gehalten. Deshalb findet seit 1961 jährlich im Carlson Center in Fairbanks die Eskimo- und Indianer-Olympiade statt. Die Disziplinen imitieren das, was früher bei den Inuit für das Überleben wichtig war: das „Knöchelhüpfen" etwa ist die Art, in der man sich unauffällig an Robben heranpirscht. Beim „Stockziehen" geht es darum, eine schwere Beute in das Boot ziehen zu können. Das „Ohrenziehen" soll die Schmerzunempfindlichkeit der Teilnehmer testen. Auf der Veranstaltung werden außerdem Kunsthandwerk verkauft und Tänze vorgeführt. Die sechs ineinander verschlungenen Ringe im Logo der Olympiade repräsentieren die sechs größten Volksstämme Alaskas: Aleuten, Athabascan-, Haida-, Tlingit- und Tsimshian-Indianer sowie die Inuit.

Kartoffel-Fischbällchen

2 große Kartoffeln, mehlig kochend, geschält und halbiert

500 g Kabeljau-Filet, in Würfel geschnitten

1 EL Butter

1 EL Zwiebelwürfel

1 EL frische Petersilie, gehackt

1 Ei

3 EL Öl

Salz & Pfeffer

- Die Kartoffeln in Salzwasser etwa 20 Minuten kochen, herausnehmen und etwas abkühlen lassen.
- Den Kabeljau mit Butter und den Zwiebeln in einer Pfanne anbraten, mit Salz & Pfeffer würzen.
- Kartoffeln, Fisch (ohne Bratensud) sowie Petersilie und Ei in einer Rührschüssel zu einer stichfesten Masse vermengen, etwas ziehen lassen.
- In einer weiteren Pfanne das Öl erhitzen. Aus der Kartoffel-Fischmasse flache Bällchen formen und im heißen Öl braten, bis sie goldbraun sind.
- Mit dem Bratensud oder Cranberry-Sauce (Seite 141) servieren.

(Quelle: http://www.icor.inuuqatigiit.ca/explore-our-culture)

Campfeuer-Forelle

4 Forellen, gesäubert

4 TL weiche Butter

1 grüne Paprika

1 Knoblauchzehe (nach Wunsch)

Salz & Pfeffer

- Forellen mit Salz und Pfeffer würzen und jede auf ein großes Stück Alufolie legen.
- Paprika in Würfel schneiden, auf Wunsch Knoblauch pressen, mit weicher Butter vermischen.
- Jede Forelle mit der Paprika-Butter-Mischung füllen, ganz in die Alufolie einwickeln und in die Glut des Lagerfeuers legen. Die Fische mit Kohle bedecken.
- Alternativ die Forellen in den vorgeheizten Backofen legen und bei 180°C backen.
- Nach ca. 7-10 Minuten die Fische aus den Kohlen/dem Backofen nehmen.

(Quelle: http://www.icor.inuuqatigiit.ca/explore-our-culture)

Gänsebrust mit Speck

4 Gänsebrusthälften

4 Scheiben Speck

1 EL Öl

Salz & Pfeffer

1 TL getrocknete Kräuter (Schnittlauch, Petersilie…)

Zahnstocher

- Aus dem Öl, den Kräutern, Salz und Pfeffer eine Marinade herstellen.
- Die Gänsebrust abspülen und 8 Stunden in der Marinade ziehen lassen.
- Den Backofen auf 180°C vorheizen. Jede Gänsebrust mit einem Speckstreifen umwickeln und dem Zahnstocher feststecken.
- Alle Gänsebrüste in eine Auflaufform legen und etwa 45 Minuten backen, bis der Speck knusprig und das Fleisch durch ist.

So lange es in einer Inuit-Siedlung etwas zu essen gab, musste niemand verhungern, selbst alleinstehende Menschen, die oft ein elendes Leben führten. Vor allem nach der Jagd auf Seesäuger gab es ein festgelegtes System, welcher Teil des Tieres welchem Jäger gehörte. Dies war zudem noch abhängig von der Stellung des Jägers in der Gesellschaft, von seiner Position in der Bootsmannschaft und davon, wessen Harpune das Tier zuerst berührt hatte. Während der winterlichen Robbenjagd teilten die Cooper Inuit nach einem speziellen System, das sie *pikatigiit* nannten. Im Sommer hingegen wurden erbeutete Tiere weniger differenziert miteinander geteilt. Auch das für magere Zeiten gedörrte oder eingefrorene Fleisch und Fett wurden nach diesen Mechanismen verteilt. Da die Gefahr zu verhungern immer präsent war, war Großzügigkeit eine überlebenswichtige Eigenschaft.

(Quelle: http://www.icor.inuuqatigiit.ca/explore-our-culture)

Die letzten Jäger von Thule

Seit vielen 1.000 Jahren leben die Inuit von der Jagd, ohne sie ist ein Überleben in der Arktis nicht vorstellbar. Wollte man die Jagd verbieten, müsste die gesamte Bevölkerung Grönlands über Importe versorgt werden - ein ökologischer Wahnsinn. Dennoch steht die Jagdkultur der Inuit aus zwei Hauptgründen unter großem Druck.

Erstens verändert der Klimawandel alles Leben in der Arktis. Das Eis wird nicht nur immer dünner, es friert im Herbst später zu und bricht im Sommer früher wieder auf. Das macht das Reisen auf dem Eis nicht nur für die Jäger, welche fast ausschließlich mit Hundeschlitten unterwegs sind, gefährlicher und kürzer. Auch die Tiere reagieren auf die neue Situation und ziehen sich weiter in die Fjorde zurück, wo sie schwerer Nahrung finden.

Zum Zweiten ist es die politische Situation, welche den Jägern das Leben schwer macht. Das Bestreben der Grönländer, ganz unabhängig vom dänischen Staat zu werden, zwingt die Regierung in Nuuk gegenüber dem Ausland und den NGO's Konzessionen einzugehen. Diese betreffen vor allem die für uns Europäer unpopuläre Jagd. Bis vor wenigen Jahren waren es die Inuit selbst, welche entschieden, wann sie wie viele Tiere jagen (mit Ausnahme der Großwale, deren Fangquoten von der IWC festgelegt werden), stets darauf bedacht, im Einklang mit der arktischen Natur zu leben. Nun machen von der Regierung festgelegte Fangquoten und ein totales Exportverbot sämtlicher Produkte aus der Jagd ein Auskommen als Jäger unmöglich. Für einen jungen Inuit ist die Jagd wie einst für seine Vorfahren nicht mehr denkbar. Er kann unter den gegebenen Umständen für seine Familie nicht mehr finanziell aufkommen. Dieses Dilemma hat auf den Alltag der Thule Inuit einen starken Einfluss.

Mariniertes Kaninchen

1 ganzes Kaninchen

500 ml Rotweinessig

500 ml Wasser

100 g Zucker

1 ½ EL Salz

1 ½ TL Pfeffer

1 Zwiebel

2 Karotten

100 g Mehl

4 EL Öl

- Rotweinessig, Wasser, Zucker, kleingeschnittene Zwiebel und Karotte mit 1 EL Salz und 1 TL Pfeffer vermischen. Das Kaninchen in der Mischung 1 Tag im Kühlschrank marinieren lassen. Immer wieder in der Mischung wenden.
- Das Kaninchen herausnehmen, abtupfen und mit Mehl, dem restlichen Salz und Pfeffer einreiben. Die Marinade aufheben.
- Öl in eine tiefe Pfanne geben und das Kaninchen von allen Seiten bräunen. Backofen auf 180°C vorheizen. Bratensaft, 500 ml der Marinade und Kaninchen in eine Auflaufform geben und Fleisch etwa 45 Minuten backen.
- 250 ml der Marinade mit 100 g Mehl vermischen und in einem Topf unter ständigem Rühren erhitzen. Sauce zum Kaninchen servieren.

(Quelle: http://www.icor.inuuqatigiit.ca/explore-our-culture)

Karibu aus dem Ofen

4 Kartoffeln

500 g mageres Karibu- oder Hirschfleisch (siehe Bezugsquellen)

1 Zwiebel

¾ TL Salz

1 TL Paprikapulver

400 g Dosentomaten

100 g Sauerrahm oder Joghurt

- Kartoffeln schälen und in dünne Scheiben schneiden, Fleisch in Würfel schneiden, Zwiebel schälen und in Ringe schneiden. Backofen auf 180°C vorheizen.
- Eine Auflaufform zuerst mit den Kartoffelscheiben, dann dem Fleisch und dann den Zwiebelringen auslegen, kräftig mit Salz und Paprikapulver würzen. Dosentomaten darüber gießen, Auflauf im Ofen zugedeckt für etwa 1 Stunde backen lassen.
- Etwa 30 Minuten vor Bratende den Sauerrahm über den Auflauf geben und fertig backen.

(Quelle: Babcock & Shaw 1988: 150)

Wildfleisch mit Cranberries

500 g Rind- oder Wildfleisch

½ TL Salz

¼ TL Pfeffer

4 EL Mehl

2 EL Öl

400 g Cranberries (frisch, gefroren oder im Glas) (siehe Bezugsquellen)

1 EL Zucker

2 Zimtstangen

1 Knoblauchzehe

200 ml Wasser

- Backofen auf 180°C vorheizen. Fett vom Fleisch entfernen, Fleisch in Würfel schneiden und in 3 EL Mehl, Salz und Pfeffer wenden. Öl in einem Topf erhitzen und das Fleisch von allen Seiten anbräunen. In eine Auflaufform geben.
- Cranberries, Zucker, Zimtstangen, Knoblauch und Wasser mischen. Über das Fleisch geben. Die Auflaufform abdecken und etwa 1 ½ Stunden im Ofen backen lassen.
- Vor dem Servieren die Sauce mit 1 EL Mehl andicken.

(Quelle: Babcock & Shaw 1988: 162)

An vielen Orten in Kanada leiden Inuit-Gemeinschaften unter Fehlernährung sowie wachsender Unsicherheit, wie sie ihren täglichen Nahrungsbedarf decken sollen. Gründe dafür sind vor allem durch die wenigen Möglichkeiten, Arbeit zu finden, niedriges Einkommen bei gleichzeitig hohen Lebensmittelpreisen, wenige Kenntnisse über gesunde, der Region angebrachte Ernährung und die leichte Verfügbarkeit von Fastfood und Fertiggerichten. Auch unzureichende Bewegung ist ein Problem. Langzeitfolgen sind nicht nur Übergewicht sondern auch ernährungsbedingte Krankheiten wie Diabetes oder Herzerkrankungen.

Staatliche Hilfsprojekte wie zum Beispiel dem Kugaaruk Pilot Project erhoben detaillierte Informationen über das betreffende Gebiet. 2004 wurde festgestellt, dass in Kugaaruk, Nunavut, 83,3% der Haushalte nicht genug Lebensmittel kaufen können, und mehr als die Hälfte von ihnen hatte im Verlauf des vorangegangenen Jahres Hunger erlebt. Ein Drittel der Familien in der Gemeinde lebte von Sozialhilfe. Vor allem die im Norden teuren Obst- und Gemüsesorten wurden seltener gekauft, was zu Vitaminmangel führte. Obwohl Kugaaruk eine der Gemeinden war, in der noch vergleichsweise viel auf traditionelle Art gesammelt und gejagt wurde, war der Konsum von tierischem Fett und Organen sehr niedrig, was zu Mangelernährung führte. Oft ist es finanziell nicht möglich, einen Jagdausflug zu unternehmen. Der Klimawandel mit den veränderten Wanderrouten der Tiere oder schwindende Kenntnisse über Pflanzen, Tiere und die Jagd verstärken dieses Problem. Auch Ende des Monats neigten Eltern und vor allem Frauen dazu, ihr Essen den Kindern zu geben.

Verschiedene staatliche Stellen versuchen, auf der Basis der Ergebnisse mit geförderten Projekten dieser Entwicklung entgegen zu wirken. Ein Beispiel ist das Food Mail Program in Kugaaruk, in dessen Rahmen frische und konservierte Lebensmittel über den Postweg gesendet werden. Außerdem werden Ernährungstipps in den Unterrichtsplan aufgenommen und Schulungen für Erwachsene durchgeführt.

Zwei alte Frauen

Die sogenannte Altentötung ist weltweit ein gängiges Märchenmotiv, das der Vernachlässigung alter Menschen entgegen wirken soll. Velma Wallis, Angehörige der Gwich'in erzählt dazu eine alte Legende ihres Volkes: Lange bevor die Europäer in das Gebiet kamen, zogen die Gwich'in als Jäger und Sammler durch das Land des Yukon, Porcupine und Tanana River. Eine Gruppe beschloß angesichts des bevorstehenden Winters und des Nahrungsmangels, zwei alte Frauen in der Wildnis zurückzulassen. Verstört blieben die 75-jährige *Sa'* und die 80-jährige *Ch'idzigyaak* zurück, nachdem ihnen der Anführer den Beschluss verkündet hatte. Bevor der Stamm sie verließ brachte noch Ch'idzigyaaks Tochter eine ungegerbte Elchhaut und Ch'idzig-yaaks Enkelsohn den beiden sein Knochenbeil. Die zwei Frauen wollten handelnd sterben. Es gelang ihnen, Kleintiere in Fallen zu fangen. Mit selbstgebauten Schneeschuhen und Gehstöcken machten sie sich auf den Weg zum Fluss, an dem der Stamm früher erfolgreich fischte. Jeden Abend gruben sie ihr Zelt in den Schnee ein. Glut vom Lagerfeuer war ihr bestgehüteter Schatz. Am Fluss schlugen sie versteckt ihr Winterlager auf, da sie sich vor wilden Tieren und Feinden fürchteten. Über die Monate hinweg legten sie Vorräte an und überstanden den Winter. Im Sommer konnten sie große Mengen Fisch fangen und trocknen.

Im nächsten Winter kam der Stamm in dem Gebiet vorbei. Der Häuptling war beim Anblick der Anzeichen der Überzeugung, die zwei Alten mussten überlebt haben. Doch der Stamm war neuerlich am Verhungern. Ein Jäger entdeckte das Lager der erfolgreichen Frauen, die ihnen langsam, zögerlich wieder vertrauten. Sie teilten ihre Vorräte und versöhnten sich. Der Stamm hatte seine Lektion erhalten. Nie wieder wollten sie alte Menschen im Stich lassen.

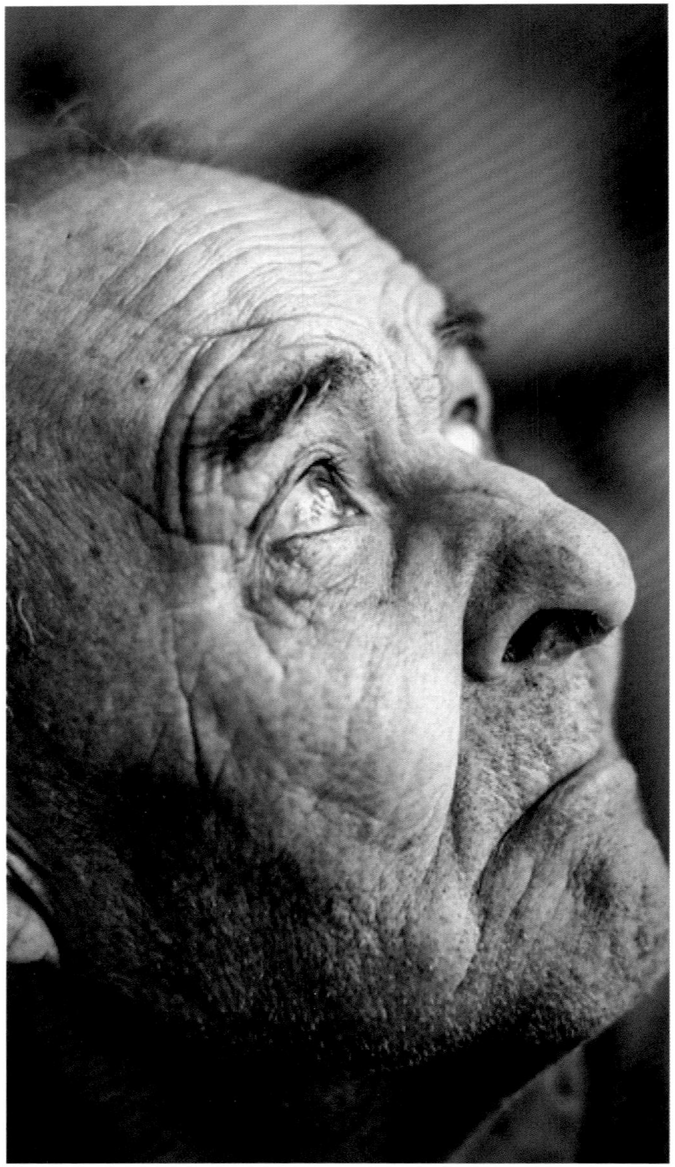

Walnuss-Brot

200 g Weizenvollkornmehl

250 g Weizenmehl

2 ½ TL Backpulver

¾ TL Salz

1 TL Natron

100 g brauner Zucker

250 ml Buttermilch

2 EL Sonnenblumenöl

150 g gehackte Walnusskerne

1 TL Butter

- Den Backofen auf 180°C vorheizen. Mehle, Backpulver, Salz, Natron und Zucker vermischen. Danach Buttermilch und Öl einrühren und zu einem weichen Teig verarbeiten.
- Die gehackten Walnüsse unterheben. Eine rechteckige Backform mit Butter auspinseln und den Teig einfüllen.
- Etwa 1 Stunde im vorgeheizten Backofen backen.

(Quelle: Babcock & Shaw 1988: 107)

Akutaq – Inuit Ice Cream – Traditionelles Rezept

250 g Rentier-, Karibu- oder Elchfett

250 g Robben-, Wal- oder Walroßöl

125 ml Wasser oder 250 g Schnee

1 kg frische Beeren (Blaubeeren, Brombeeren, etc.)

- Fett in kleine Stücke schneiden und auf kleiner Flamme erhitzen, bis es flüssig wird, aber nie kochen. Die Hälfte des Öls hinzugeben, vom Herd nehmen und gut verrühren.
- Unter ständigem Rühren die Hälfte des Wassers/Schnees hinzufügen, sowie den Rest des Öls. Wenn das Fett abkühlt und schaumig wird, den Rest des Wassers/Schnees hinzugeben. Am Schluss die Beeren unterrühren und kühl stellen.

Modernes Rezept

250 g pflanzliches Fett oder 250 ml Sahne

250 g Zucker

125 ml Wasser oder Fruchtsaft oder 250 g Schnee

1 kg frische Beeren (Blaubeeren, Brombeeren, etc.)

- Fett auf kleiner Flamme erhitzen, bis es flüssig wird, aber nie kochen.
- Unter ständigem Rühren das Wasser/den Saft/den Schnee hinzufügen, bis das Fett abkühlt und schaumig wird. Am Schluss die Beeren unterrühren und kühl stellen.
- Tipp: Diese Süßspeise ist sehr reichhaltig!

(Quelle: https://whatscookingamerica.net/History/Akutaq_EskimoIceCream.htm)

Es erscheint wie ein schlechter Witz, Eis als Dessert in der Arktis anzubieten. Und dennoch ist akutaq, aqutuk, ackutuk ein Jahrtausende altes Rezept, hergestellt aus Karibufett oder Robbenöl, frisch gefallenem Schnee oder Wasser, frischen Beeren und manchmal fein geschnittenem Fisch. Jede Familie hatte ihr eigenes Rezept, abhängig von der Region, in der sie lebten, und jede Familie behielt ihr Rezept unverändert, auch wenn sie bei Besuchen andere Sorten aßen. Wörtlich übersetzt bedeutet akutaq „zusammengemischt". Es war ein besonders für Reisen oder auf den langen Jagdzügen typisches Gericht.

Hatte ein junger Jäger zum ersten Mal einen Eisbären oder eine Robbe erlegt, so bereitete die Mutter oder Großmutter des Jägers akutaq für die ganze Gemeinschaft zu. Traditionell wurde es auch bei Beerdigungen, Verschenkfesten oder anderen Feiern zubereitet. Es war sowohl Zwischenmahlzeit, Brotaufstrich als auch Nachtisch.

Heute wird Akutaq mit pflanzlichem Fett aus dem Supermarkt hergestellt, und es werden Rosinen oder Zucker hinzugefügt. Vor allem Besuchern und Neuankömmlingen wird dieser Teil der Inuit-Kultur stolz präsentiert. Als Gast sollte man zumindest ein kleines bisschen probieren, und sollte es einem nicht schmecken, als Zeichen von Respekt den Rest des gereichten Essens der ältesten Person im Raum anbieten. Damit beweist man immerhin gute Manieren, wenn man schon keinen guten Geschmack hat. Doch die meisten Leute gaben zu, dass ihnen Akutaq geschmeckt hätte.

Beeren-Smoothie

1 L Milch

4 reife Bananen

400 g Beerenmischung (Blaubeeren, Brombeeren, etc.)

250 g Eiswürfel

- Bananen schälen und in Scheiben schneiden.
- In einem Mixer die Milch, die Bananenscheiben und die Beeren pürieren (wenn nötig, in mehreren Portionen).
- Die Eiswürfel hinzufügen und gut durchmixen. In Gläser füllen und sofort servieren.
- Sehr beliebt bei Kindern!

(Quelle: Dirks et.al. 2017: 78)

Hagebuttentee

2 EL getrocknete Hagebutten (ohne Kerne oder Stiele)

500 ml kochendes Wasser

Zucker oder Honig (nach Wunsch)

- Hagebutten in ein Teesieb/Tee-Ei in eine Kanne geben, mit kochendem Wasser übergießen.
- 5 Minuten ziehen lassen.
- Auf Wunsch mit Zucker oder Honig süßen.

Traditionelle Getränke in der Arktis waren zu den meisten Gerichten einfach Wasser, heißer Tee aus den wenigen Pflanzenteilen oder Beeren oder heiße Brühen. Erst durch den Kontakt mit verschiedenen europäischen und russischen Entdeckern, Händlern und Missionaren kamen die Ureinwohner der Arktis in Kontakt mit Tee und Milchprodukten.
Die Früchte der wilden Rose enthalten sehr viel Vitamin C, Pektine, Gerbstoffe und Fruchtsäuren. Sie wirken abführend und beruhigend bei Darmentzündungen. Ein säuerlicher Aufguss mit den getrockneten, Fruchtschalen schmeckt warm im Winter und gekühlt im Sommer.

(Quelle: Babcock & Shaw 1988: 7).

Literatur

Alaska Native Tribal Health Consortium
o. J. Nellie's Recipes. An Alaska Traditional Food Cookbook for Assisted Living Homes. Anchorage, Alaska.

Alvarez, Linda
2018 Colonization, Food, and the Practice of Eating. Food Empowerment Project.

Babcock, Pat & Shaw, Diane
1988 Cooking in Alaska. The land of the midnight sun. Atglen, PA.

Castetter, Edward Franklin & Opler, Morris E.
1936 The use of plants for foods, beverages and narcotics. University of New Mexico biological series, v. 4, no.5: 3-63.

Centers for Disease Control and Prevention
2013 Traditional Foods in Native America: A Compendium of Stories from the Indigenous Food Sovereignty Movement in American Indian and Alaska Native Communities—Part I. Atlanta, GA: Native Diabetes Wellness Program, Centers for Disease Control & Prevention.
2014 Part II—Good Food is Power: A collection of traditional foods stories from the Ramah Navajo Community, Standing Rock Sioux Tribe and Tohono O'odham Nation. Atlanta, GA: Native Diabetes Wellness Program, Centers for Disease Control and Prevention.
2015a Traditional Foods in Native America—Part III: A Compendium of Stories from the Indigenous Food Sovereignty Movement in American Indian and Alaska Native Communities. Atlanta, GA: Native Diabetes Wellness Program, Centers for Disease Control and Prevention.
2015b Traditional Foods in Native America—Part IV: A Compendium of Stories from the Indigenous Food Sovereignty Movement in American Indian and Alaska Native Communities. Atlanta, GA: Native Diabetes Wellness Program, Centers for Disease Control and Prevention.

Chia Café Collective
2018 Cooking the Native Way. Berkeley.

Cornett, James W.
2001 Indian Uses of Desert Plants. Palm Springs, CA.

Cox, Beverly & Jacobs, Martin
1991 Spirit of the Harvest. North American Indian Cooking. New York.

Desert Harvesters
2018 Eat Mesquite and More. A Cookbook for Sonoran Desert Foods and Living. Tucson, AZ.

Dirks, Moses et.al.
2017 Qaqamii}u{*. Head Start Traditional Foods. Preschool Curriculum, Aleutian Pribilof Islands Association, Inc. Anchorage, Alaska.

Divina, Fernando & Marlene
2004 Foods of the Americas. Native Recipes and Traditions. Washington.

Frank, Lois Ellen
2002 Foods of the Southwest Indian Nations. Berkeley.

Ferretti, Christin
2000 Indian Summer. Die Küche der nordamerikanischen Ureinwohner. München.

First Nations Development Institute
o.J. Cooking Healthier with FDPIR Foods. Longmont, CO. First Nations Development Institute.
o.J. Oneida. Traditional & Healthy Foods for our community Cookbook. Longmont, CO. First Nations Development Institute.
2015-16 Growing Food Sovereignty in Native Communities. Impact Report. Longmont, CO. First Nations Development Institute.
2016a Senior Hunger and Food Insecurity in Indian Country: Community-Based Solutions to Improve the Health and Well-Being of Tribal Elders. Longmont, CO. First Nations Development Institute.
2016b Roots of Change. Food Policy in Native Coomunities. Longmont, CO. First Nations Development Institute.

First Nations Health Authority/ Suzanne Johnson
o.J. First Nations Traditional Foods Fact Sheed. FNHA.

George, Andrew Jr. & Gairns, Robert
2010 A Feast for all seasons. Traditional Native peoples' Cuisine. Vancouver.

Havard, V
1896 Drink Plants of the North American Indians. Bulletin of the Torrey Botanical Club, Vol. 23, No. 2 (Feb. 29, 1896), pp. 33-46.

Hesse, Zora Getmansky
1973 Southwestern Indian Recipe Book. Apache, Pima, Papago, Pueblo, and Navajo. Traditional aboriginal recipes – with a few modern variations. Palmer Lake, CO.

Hetzler, Richard
2010 The Mitsitam Café Cookbook. Recipes from the Smithsonian National Museum of the American Indian. Washington.

Jacobs, Alex
2016 Santa Fe Food Conference Cookbook to Celebrate "What Our Ancestors Ate". Indian Country Today Media Network. 21.09.

Jamestown-Yorktown Foundation
2012 Anna's Adventures. Eat like a Powhatan. Williamsburg, VA.

Kocher, Eduard
2012 Das Bisonkochbuch. Das „Ur-Rind" der Indianer schmackhaft zubereitet. Kral.

LaFray, Joyce
1996 Seminole Indian Recipes. University Press of Florida.

Lakota Express
2001 A Traditional Food Book. Recipes from the REZ. American Indian Talking Circles. Wellness Cookbook of Recipes from the REZ.

Mankiller, Wilma
1988 The Chief cooks. Traditional Cherokee Recipes. Muskogee, OK.

Mayer, Mike
o.J. Recipes from La Madera Mesquite. Tucson, AZ.

Michaelis, Bernhard
2017 Diné Binaadą́ą́' Ch'iyáán. Navajo Corn Recipes. Native Child Dinétah, Flagstaff, AZ.

Mihesuah, Devon A. & Hoover, Elizabeth (Eds.)
2019 Indigenous Food Sovereignty in the United States. Restoring Cultural Knowledge, Protecting Environments and regaining health. University of Oklahoma Press. Norman.

Montana Departement of Public Health and Human Services
o.J. Trafditional Foods: A Native Way of Life. Bozeman, MT.

Montour, Louva
o.J. Nizhónígo ííná. Cooking with Navajo traditional foods. The STAR School, Flagstaff, AZ.

Mühlbauer, Rita & Beverly Hungry Wolf
1989 Büffel und Beeren. Die Küche der Blackfoot-Indianer. Nördlingen.

Niethammer, Carolyn
1999 American Indian Cooking. Recipes from the Southwest. University of Nebraska Press.

Northern Michigan University
2012 Native American ancestors' diet part of study and challenge. Science Daily, 24. October 2012.

Notah Begay III Foundation
2016 Exploring Native Strong: First Two Years. Santa Ana Pueblo, NM.

Park, Sunmin, Hongu, Nobuko & Daily Ill, James W.
2016 Native American food: History, culture, and influence on modern diets. In: Journal of Ethnic Foods. 3: 171-177.

Penner, Vicki & Ellis JoAnn
2011 ilimpa'chi' - We're gonna eat! A Chicksawa cookbook. Chickasaw Press, Ada, OK.

Reinhardt, M., Lancaster, L., and Lindala, A.
2016 *Decolonizing Diet Project Cookbook*. Featuring Indigenous food recipes from the Great Lakes Region. Marquette, MI: Northern Michigan University, Center for Native American Studies.

Salmón, Enrique
2012 Eating the Landscape. American Indian Stories of Food, Identity and Resilience. The University of Arizona Press.

Segrest, Valerie
2014 The Power of the Tribal Dollar: Highlighting the Muckleshoot Foot Sovereignty Project's Food-Purchasing Program. Longmont, CO. First Nations Development Institute.

Sharpe, J. Ed. & Underwood, Thomas B.
1973 American Indian Cooking and Herb Lore. Cherokee, N.C.

Sherman, Sean & Dooley, Beth
2017 The Sioux Chef's Indigenous Kitchen. University of Minnesota Press. Minneapolis & London.

Silva, Jill Wendholt
2012 Cultural Roots. The Kansas City Star Magazine. Oct. 14.

Simms, Beulah
1970 Hokti's Recipe Book of Creek Indian Foods. Written by a Creek Indian Simms Beulah, printed & illustrated by a Creek Indian Ben Chaney. Creek Reproductions Company, Okmulgee, Oklahoma. Reproduced 2010 with the permission of Ben Chaney.

Steckham, Ilona
1986 Die Küche der Pueblo Indianer. Freiburg i. Br.

Steckham, Ilona & Eichner, Carsten
2000 Küchenschätze der Indios und Indianer. Hädecke.

Swentzell, Roxanne & Perea, Patricia
2016 The Pueblo Food Experience Cookbook. Santa Fe.

Treuer, Anton
2012 Ojibwe Lifeways. Minnesota Conservation Volunteer. 38-47.

Waldmann, Werner & Zerbst, Marion
1995 Chili, Mais und Kaktusfeigen. Die Küche der nordamerikanischen Indianer. München.

Watts, Dolly
2007 Where People Feast: An Indigenous People's Cookbook. Arsenal Pulp Press.

Internetquellen:

https://www.angelfire.com/ct/deerwhorns/recipes.html

https://blog.mycology.cornell.edu/2010/01/06/mushrooms-as-sacred-objects-in-north-america/

https://firstnations.org/knowledge-center/foods-health

http://www.foodispower.org/colonization-food-and-the-practice-of-eating/

https://delishably.com/grains/Recipes-From-the-Everglades

http://www.icor.inuuqatigiit.ca/explore-our-culture

https://recipeland.com/recipe/v/cherokee-succotash-14522

http://www.thepeoplespaths.net/NAIFood/acorns.htm)

http://www.thewildwest.org/nativeamericans/nativeamericanrecipes/147-seminole-roast-rabbit

https://whatscookingamerica.net/History/Akutaq_EskimoIceCream.htm

https://www.warpaths2peacepipes.com/native-american-life/native-american-indian-recipes.ht

Bezugsquellen

Nicht immer standen den Frauen der Indianer und Inuit alle Lebensmittel zur Verfügung. Deshalb verwendeten sie, was immer gerade vorhanden war und ersetzten Produkte. Wir ermutigen unsere Leser, es ebenso zu versuchen:

Agavensirup – dieser süße Saft wird aus dem Inneren von Agaven durch Anbohren gewonnen und anschließend erhitzt. Man bekommt ihn in Reformhäusern oder großen Supermärkten. Er ist süßer als Honig, kann aber dadurch ersetzt werden.

Ahornsirup – der Baumsaft des kanadischen Zuckerahorns ist heutzutage in vielen Geschäften bei den Backwaren zu finden. Er verleiht den Gerichten eine angenehme Süße. Wer keinen Ahornsirup verwendet, kann ihn mit Honig ersetzen, der bisweilen süßer ist!

Birkenwasser – ist Baumsaft, der im Frühling von den Birken, vor allem den Hängebirken abgezapft wird. Die klare Flüssigkeit hat einen leicht süßlichen Geschmack. Man erhält ihn in Reformhäusern.

Bisonfleisch – Bisons werden heute mehr und mehr in Europa als Nutztiere gehalten und geschlachtet. Möglicherweise ist der nächste Bisonzüchter gar nicht so weit weg? Einen Überblick bietet: www.bison-zuchtverband.de/ oder www.delikatessenschweiz.ch/index.php?db=delireport&nr=106. Wer kein Bisonfleisch verwenden kann oder möchte, kann es in den Rezepten gut durch Rind ersetzen. Achtung – die Garzeiten verlängern sich dadurch!

Brunnenkresse (*Nasturtium officinale*) – das wild an fliessenden Gewässern wachsende Kraut wird im Frühling oft auf Märkten angeboten. Wer selbst sammelt, sollte nur einwandfrei bestimmte Pflanzen verwenden! Wer keine Brunnenkresse bekommt, kann sie in den Rezepten mit (weniger) Gartenkresse ersetzen.

Chokecherry (*Prunus virginiana*) – ist verwandt mit der europäischen Traubenkirsche, enthält aber viel weniger Blausäure als die europäischen Arten, sodass der Verzehr für den Menschen möglich ist. Der Tee ist mittlerweile bei gut sortierten Teehändlern zu bekommen.

Cota (Thelesperma megapotamicum) – gehört zur Familie der Asterngewächse und wird im Südwesten der USA im Spätsommer gesammelt, wenn die Blüten aufgegangen sind. In Europa ist der Tee kaum zu bekommen, wohl aber in den USA: https://www.nmteaco.com/Navajo-Wild-Tea-Cota_p_902.html

Cranberrys (*Vaccinium macrocarpon*) – auch großfrüchtige Moosbeere genannt, ist vor allem getrocknet erhältlich. Im Herbst sind die frischen Beeren bei gut sortierten Obsthandlungen zu bekommen. Saft und Sirup finden sich ebenfalls in Supermärkten oder in Reformhäusern.

Eichelmehl – fast alle Eichensorten sind nach sorgfältigem Auslaugen zu verwenden. Eichelmehl fertig zu kaufen ist nach wie vor sehr schwierig, die Autoren möchten deshalb die Leser ermutigen, es mit der Zubereitung selbst einmal zu versuchen (Seite 152).

Elch-/Karibu-Fleisch – das Fleisch dieser Wildtiere ist in Mitteleuropa eher schwierig frisch zu bekommen. Vor allem schwedische oder norwegische Delikatessen-Geschäfte bieten es frisch, hauptsächlich aber geräuchert an. Alle Elch- und Karibu-Rezepte des Buches lassen sich mit Reh- oder Hirschfleisch ersetzen.

Hominy/Posolē – so heißt sowohl der in Kalkwasser gekochte Mais als auch das Eintopfgericht aus dem amerikanischen Südwesten. Posolé-Mais ist oft größer als herkömmlicher Dosenmais, oft blau oder weiß und erhält durch seine Zubereitung einen ganz besonderen Geschmack. Ihn kann man entweder getrocknet oder in Dosen in mexikanischen Läden finden.

Labradortee (*Rhododendron groenlandicum*) – ist eine weiß blühende Pflanze, die in Nordamerika in Mooren, der Tundra und auch im Gebirge heimisch ist. Die Blätter werden von vielen indianischen Stämmen als Getränk und Heilmittel verwendet. In Europa schwierig zu bekommen kann man den Tee aber über bestimmte Internetshops erwerben: www.tranceplants.net.

Maismehl – nicht zu verwechseln mit Polenta-Mehl, das grober gemahlen ist. Feines gelbes Maismehl findet man in der Backabteilung großer Lebensmittelgeschäfte. Wer blaues Maismehl verwenden möchte, kann in mexikanischen Läden fündig werden.

Nopales – die gekochten und eingelegten Blätter des Feigenkaktus sind fester Bestandteil der mexikanischen Küche. Sie werden als Gemüse oder Salatbeilage verwendet und sind in Gläsern oder Dosen in mexikanischen Lebensmittelgeschäften erhältlich.

Palmherzen – oder auch Palmito ist das obere, weiche Gewebe von Stamm und Blättern einer Palme. Palmherzen werden in Salzlake konserviert in asiatischen Lebensmittelgeschäften in Dosen angeboten. Da die unterschiedlichen Palmenarten nicht angebaut sondern häufig als Abfallprodukt der Urwaldrodung gefällt werden, lohnt es sich, auf fair produzierte Produkte zurück zu greifen.

Passionsfrucht – ist eine tropische Pflanze aus Südamerika. Das getrocknete Kraut wird als beruhigender Tee verwendet und ist als Teemischung in Apotheken erhältlich. Die Passionsfrucht sind als exotische Früchte bei Obsthändlern zu finden – manchmal gibt es sogar Passionsfrucht-Saft zu kaufen.

Topinambur (*Helianthus tuberosus*)– die Pflanze ist verwandt mit der Sonnenblume und stammt ursprünglich wahrscheinlich aus Mexico. Verwendet werden ihre Sprossknollen, die einen süßlich erdigen Geschmack haben. Man findet sie in gut sortierten Supermärkten und bei Gemüsehändlern.

Wildreis – oder auch Wassereis gehört zu den Süßgräsern und wächst bestandsbildend am Ufer größerer Gewässer. Was als Wildreis zu kaufen ist, ist heute auch als Zuchtform erhältlich. Man kann ihn in Reformkostläden finden.

Zeder – wird auch als abendländischer Lebensbaum (*Thuja Occidentalis*) bezeichnet. Die Zweigspitzen enthalten sehr viel Vitamin C, allerdings auch Giftstoffe. Nur **einwandfrei bestimmte** Teemischungen verwenden:

https://www.gaiaherbs.com/blogs/herbs/thuja

Der Genuss des Tees über längere Zeiträume ist nicht empfohlen, ebenso nicht in der Schwangerschaft.

Abbildungsnachweis

Alle Fotos/Rezeptfotos wurden erstellt von Veronika Ederer, Corina Gloor, Natalia Eschmann & Peter Kuhn.

Mit Ausnahme von:

S. 137/138/150/158 wurden erstellt von Stefan Liedtke.

S.166/167/168/169/170/172/174/176/178/180/182/184/188 wurden erstellt von Markus Bühler.

Landschaftsbilder

S. 21: Grand Canyon: Blick auf Bright Angel Point, Grand Canyon North Rim, Arizona, USA

S. 75: Rocky Mountains: Rocky Mountains im südlichen Alberta, Kanada

S. 105: Yukon: Yukon River und Cap Mountain etwas ausserhalb White Horse, Yukon, Kanada

S. 131: Florida: Chickee der Seminolen in den Everglades, Florida, USA

S. 137: Kalifornien: Wasserfall am Oberlauf des McCloud River (Winnemem "Middle River")

S. 138: Kalifornien: Mount Shasta (Bulim Phuyuq "Two-Peak Mountain")

S. 165: Kalifornien: Mono Lake, South Tufa Area, Kalifornien, USA

Textnachweis

Alle Texte/Rezepttexte wurden geschrieben von Veronika Ederer

Mit Ausnahme von:

S. 26/36: die Informationstexte wurden geschrieben von Corina Gloor.

S. 58/68: die Informationstexte wurden geschrieben von Peter Kuhn.

S. 104: der Informationstext wurde geschrieben von Natalia Eschmann.

S. 157/158: der Informationstext wurde geschrieben von Stefan Liedtke.

S. 182: der Informationstext wurde geschrieben von Markus Bühler.

Veronika Ederer ist promovierte Ethnologin mit den Schwerpunkten indigene Gemeinschaften Nordamerikas, Didaktik der Ethnologie und Rechtsethnologie sowie Dozentin für Begabtenförderung in Zürich. Seit 2003 ist sie als freiberufliche Ethnologin in Deutschland und der Schweiz mit Projekten in Kindergärten, Schulen und der Erwachsenenbildung tätig, wo sie ihre Begeisterung für außereuropäische und vor allem indianische Ernährung vermittelt. Seit 2013 reist sie regelmäßig zu Recherchezwecken in die USA. Am liebsten kocht sie den Wildeintopf der Apachen mit pikantem Chili-Maisbrot.

Corina Gloor machte eine Ausbildung zur 3D-Polydesignerin in Zürich und war danach zehn Jahre als Requisiteurin beim Film und Theater tätig. Nach der Geburt ihres Sohnes arbeitete sie einige Jahre als Schaufensterdekorateurin, bis sie ans Nordamerika Native Museum in Zürich wechselte, wo sie in den Bereichen Museumspädagogik und Sammlungsunterhalt tätig war. Im Augenblick arbeitet sie als Gemeindeanimatorin i.A. Ihr Herz schlägt für die Piniensuppe der Apachen und den Winterfruchtsalat der Inuit.

Natalia Eschmann studierte Geschichte und Ethnologie an der Universität Zürich. Seit vielen Jahren schon ist die Fotografie ein Hobby von ihr. Ein bleibendes Interesse an der Geschichte und Kulinarik der nordamerikanischen Indianer verdankt sie aber der ansteckenden Begeisterung Veronika Ederers. Ihre Lieblingsrezepte sind die Shrimphappen, gefolgt von einer herzhaften Portion Indian Pudding.

Peter Kuhn machte eine Ausbildung als Fotograf (SfGZ), Werklehrer (SfGZ) und Museumspädagoge & Kulturvermittler. Außerdem bildete er sich an der Freien Kunstschule Zürich und in praktischem Schamanismus weiter. Seit seinem 10. Lebensjahr beschäftigte er sich mit dem Thema Indianer Nordamerikas. Er ist Gründer und langjähriger Leiter des Vereins tipilager-ch, einem Tipilager für Kinder und Jugendliche auf der Basis von Outdoor- & Erlebnispädagogik. Dazu produziert er immer noch sämtliche Tipis und die gesamte Lagerinfrastruktur im eigenen, privaten CreaTIPI-Atelier (www.creatipi.ch). Er arbeitete die letzten 12 Jahre vor der Pensionierung als Museumspädagoge und Kulturvermittler im Nordamerika Native Museum in Zürich. Seine aktuellen Themen sind nach wie vor das Tipi, die Rezeption des Indianerklischees und vor allem leidenschaftlich die Fotografie. An seinem Lagerfeuer werden gerne Succatosh und Bison Spare Ribs gekocht.